基于企业场景嵌入的创新课堂建设

——产教研深度融合的酒店课程改革实践

杨　欣　著

浙江工商大学出版社
ZHEJIANG GONGSHANG UNIVERSITY PRESS
·杭州·

图书在版编目(CIP)数据

基于企业场景嵌入的创新课堂建设：产教研深度融合的酒店课程改革实践 / 杨欣著. —杭州：浙江工商大学出版社，2022.12

ISBN 978-7-5178-5173-8

Ⅰ. ①基… Ⅱ. ①杨… Ⅲ. ①饭店－商业企业管理－教学改革－研究 Ⅳ. ①F719.2

中国版本图书馆 CIP 数据核字(2022)第 207433 号

基于企业场景嵌入的创新课堂建设
——产教研深度融合的酒店课程改革实践

JIYU QIYE CHANGJING QIANRU DE CHUANGXIN KETANG JIANSHE
——CHANJIAOYAN SHENDU RONGHE DE JIUDIAN KECHENG GAIGE SHIJIAN

杨　欣　著

责任编辑	黄拉拉
责任校对	李远东
封面设计	浙信文化
责任印制	包建辉
出版发行	浙江工商大学出版社
	（杭州市教工路 198 号　邮政编码 310012）
	（E-mail:zjgsupress@163.com）
	（网址:http://www.zjgsupress.com）
	电话:0571－88904980,88831806(传真)
排　版	杭州朝曦图文设计有限公司
印　刷	广东虎彩云印刷有限公司绍兴分公司
开　本	710mm×1000mm　1/16
印　张	12.5
字　数	210 千
版 印 次	2022 年 12 月第 1 版　2022 年 12 月第 1 次印刷
书　号	ISBN 978-7-5178-5173-8
定　价	48.00 元

PERFACE
前　言

2021 年 11 月 1 日,在上海举行的第四届世界顶尖科学家论坛开幕式上,上海交通大学教授、图灵奖得主约翰·霍普克罗夫特发表题为《开放科学:科学传播与人才培养》的演讲。在演讲中,约翰·霍普克罗夫特指出:中国人才的数量比美国多,但美国的博士生比中国强,中国的本科教育并没有培养出足够多高质量的研究型博士生的申请人。

目前中国的高校过于注重国际声望,将研究经费和论文数量作为重要的衡量指标。

中国高质量的本科生数量远远无法满足社会需求,当下应该更关注如何提高本科生的教学质量。

现年 82 岁的约翰·霍普克罗夫特是享誉世界的计算机算法大师。他在斯坦福大学获得博士学位之后,长期在普林斯顿大学、康奈尔大学任教。2011 年,他加盟上海交通大学,亲自开展课程设计,招聘人才,并给本科生授课。上海交通大学还成立了以其命名的计算机"约翰班"。作为与中国交流了 10 年的美国人,约翰·霍普克罗夫特对中国的高等教育有着独特的见解。

基于企业场景嵌入的创新课堂建设——产教研深度融合的酒店课程改革实践系 2019 年浙江省高等教育"十三五"第二批教学改革研究项目资助课题"基于企业场景嵌入的创新课堂建设——产教研深度融合的酒店课程改革实践"(项目编号:JG20190174)的研究成果之一。其目的是尝试将企业的场景引入大学教育中,真正对培养未来职业经理人发挥作用。

企业场景嵌入式课堂的优势突出体现在"真案例·真实践·真市场",通过真实的企业应用场景、学生动手解决问题的能力培养和面对真实的市场检验等对学生的学习目标、学习模式、思维模式和动手能力进行训练,从目前来看,效果良好。

本研究对企业场景嵌入式创新课堂的建设方法、理论、标准、流程及实际应用做了全面且深刻的探讨,对未来的教学改革有所助益。

特别感谢开元旅业集团杭州开元名都大酒店金杭甬先生的大力支持,感谢我的研究生屠天诚、邬婕慧、王珍琴、殷佩铉、张家琪的大力协助。

杨 欣
2021 年 11 月 3 日

CONTENTS
目　录

第一章　问题的提出

　　一般认为,教学是由教师的教和学生的学共同组成的一种双边互动的教育活动。众所周知,传统教学形成于 17 世纪,1632 年夸美纽斯撰写的《大教学论》标志着独立形态教学论的产生,对后续传统教学的形成和发展起到了至关重要的作用。传统教学典型的代表人物是赫尔巴特,在赫尔巴特时期,传统教学得到了快速的发展。在传统教学模式中,教师是教学的活动中心,是教学活动的主体,是知识的传授者;学生是知识的接受者;学生的成绩则是教师教学水平的反映。班级授课制是我国学校的主要教学模式。随着时代的变迁和社会的发展,尽管传统教学给社会和人们带来了巨大的变化和发展,但是改革传统教学依旧势在必行。本部分将从三个方面来阐述传统教学:传统教学的含义;传统教学存在的必要性;传统教学的问题。

一、传统教学的含义

　　现今所说的传统教学法,是指教师通过系统、细致的讲解,使学生掌握大量知识的教学方法,教学形式单一,一般都是老师站在讲台上讲,学生坐在下面被动地接受。这种"灌输式"的教学方式中,教师自由度比较大,而学生只有努力听的份,鉴于这一点,传统教学法也常常被戏称为"填鸭式教学"。近几年,很多文章都直接或间接地对传统教学做出批判性发言,如:传统教学已经不再适应现阶段教学需要,传统教学太过单调和枯燥,等等。从客观角度来看,认识传统教学的含义对其进一步的发展或更迭有很大的作用。蔡宝来在《传统教学论的产生及发展历程》中认为,应当从学科概念、时代概念和时间概念这三个方面去理解传统教学论,即传统教学论是指适应近代工业化社会对普及教育的要求,以赫尔巴特为代表的"三中心"教学论。美国教育家杜威从实用主义经验论和机能心理学出发对传统的学校教育进行了批判，提出"教育即生活"和"学校即社会"的基本观点，并首次阐明了现代教学论的基本精神，因此可以说传统教学论止于杜威之前。

二、传统教学存在的必要性

杨振宁认为，我国传统教学在互联网和信息化尚未得到突飞猛进发展的那个年代具有比较高的普适性。在中国当时传统的教育体制下，一名优秀的学生能够考进一所比较好的大学，在这所大学得到学士学位，再出国读研究生，这是其一生相对较容易成功的路径。随着科技的日益进步，以及教育工具、学生个性的发展，传统教学的弊端日益显现出来。尽管传统教学正处于变革抑或被替代的过程中，但其还没有脱离教育的范畴，这说明传统教学有其存在的必要性。传统教学模式具有以教师为中心和以课堂为中心的两大特点，不仅以教师为中心限制了学生的思维和想象力，而且很多学生在课外所接触到的数学、英语班级授课也是所谓的传统灌输式教学模式，即老师负责把知识传授给学生，学生负责认真听讲并加以练习，最终使学习成绩得以提高，因此从这个角度看，传统教学模式起到的效果也是显著的。

传统教学模式还能提升学生的专注度。在传统教学模式下，教师在讲台上对知识进行有条有理、由浅入深的讲解，学生唯有高度集中注意力听讲授，才能理解本堂课的所有内容。所以，传统教学模式下的课堂并不要求学生有多活跃，而是严格要求学生安静听讲，做好笔记，跟着老师的思路前进，学生整堂课高强度的学习，既保证了学习的质量，又训练了思维的集中性。当然，有人认为，这种模式只适合思维跟得上的学生，不适合那些反应较慢的学生。确实，传统教学课堂会出现这样的问题。因此，学生做的笔记就起大作用了，学生课后可以通过课堂笔记进行知识点的回忆和梳理，再有不理解的就可以请教同学或老师。如此一来，既提升了学生的自主学习能力，又培养了学生好问的学习习惯。长期下来，这部分学生的学习能力提升上去了，思维能力也会跟着提升，在课堂上也会保持较高的专注度，吸收知识的能力也就会更好了。学生保持专注是一种能力，每个学生都应该培训自己的这项能力，拥有较高的专注度对其学习、生活、工作都是相当重要的。所以,传统的教学模式虽然枯燥、不热闹,却能实打实地训练学生的思维能力,提高学生的专注度,让学生的知识学得更加扎实和深刻。虽然过程难熬,但这是人生必经之路。"不经一番寒彻骨,哪得梅花扑鼻香。"

传统教学是现代教学的前提。传统教学主要是理论建构,而现代教学是在理论的基础上进一步发现、探索。而只有在充足的理论支撑下,对兴趣、潜能的激发才是实际可行的。所以,最好的教学模式不是摒弃传统,而是在传统的基础上增加新的教学方法,将传统教学与现代教学相结合,让教学更有意义,让教师更有存在的价值,让课堂更有秩序。传统教学模式让我们回归到最原始的听、写、读、记。很多时候我们认为这些特别死板,束缚了学生的天性。殊不知正是这样的教学方式,为我们培养出了无数的科学家、文学家、天文学家。现在随着教学方式的多元化,加上人们对现代教学的片面理解,很多人认为依靠科学技术的发展,可以使用更为巧便的方式掌握某项技能,可以走捷径。然而,学习的道路上永远没有捷径,我们需要一步一个脚印地把每一个人生阶段走踏实。只有踏实地听、写、读、记,夯实基础,才能适应现代教学的多元化以及快节奏;只有把根基打牢了,才能建造风格独特的建筑物。所以,传统教学是现代教学的前提,建立在传统教学的基础上,我们的能力才经得起真正的考验。电影《摔跤吧,爸爸!》里讲到,传统的方法虽没有好的技巧,却最有力量与对手竞争。

三、传统教学的问题

(一)脱离学科属性

酒店管理是管理学的一个分支,本质上是属于管理学的一种,其天然的属性就是一门应用型的社会学科。应用学科是相对于基础学科而言的,是指高等学校以解决社会生活、生产以及管理中的实际问题为目标所开展的相关科学研究和人才培养的应用性学科。浙江工商大学旅游与城乡规划学院在旅游管理专业的介绍中提到"培养专业技能水平高的优秀人才",专业技能从其掌握的途径上来看同许多操作性的技能是一致的,即熟能生巧,也就是说专业技能的学习需要经过多次的练习和实际操作才能达到熟练的程度。除此之外,在其教育活动的开展中,同样提到"开展丰富多彩的实践教学活动",这种教学方法不同于传统教学,不是通过课堂上教师的言传或者对知识的深度讲解使学生了解与掌握相关知识,专业技能是需要通过千百次的实践练习才能掌握的。通过实践去学习并掌握知识和专业技能,更好地将理论应用于实践,在实践中巩固和发展所学的理论知识,并掌握专业技能,这是传统教学模式所不能达到的效果。

酒店管理学科开设诸如"调酒课""茶艺课""前厅服务与礼仪"等一系列操作性强,需要反复练习才能掌握的课程。在传统教学的课堂上,学生只能靠耳朵听、用笔记,但这种教学模式在类似课程中实际上很难有成效。就如南宋诗人陆游在《冬夜读书示子聿》中对自己的孩子说到的"纸上得来终觉浅,绝知此事要躬行",从书本里学来的知识始终是有限的,由此可见实践的重要性。

在像酒店管理这种实践性、操作性强的专业教学过程中,传统的教学模式局限于课堂,教师的理论知识很丰富但缺少熟练的专业技能。面对传统教学模式所带来的问题,部分高校也采取了积极的应对措施。以河南省南阳师范学院为例,该校旅游管理本科专业的教师队伍中不仅有学术造诣很高的教授名师,也有仅有本科学历的技能型教师,这类教师就是为解决传统教学模式不适用于旅游管理专业所引发的无法达到学生培养目标的问题而引进的。为使学生掌握基本的专业技能,除了聘请专业技能水平高的教师外,该校还专门投资建设了省级实验教学示范中心、旅游管理专业教学团队。其中,实验教学示范中心建有形体训练室、茶艺茶道实训室、西餐文化体验室、鸡尾酒调制实验室、酒吧经营实训室、旅游规划实验室、模拟客房、旅游航空摄影实验室、航空服务技能实训基地、旅游大数据与数据感知实验室、旅游虚拟现实实验室等十余个校内实验实训平台,为学生提供了能够实际感知到的专业领域的工作和职务,使学生把理论与实践相结合,以更好地培育具有高技能水平的旅游管理专业人才。

(二)与时代脱轨

在大数据的时代背景下,传统教学模式在旅游管理专业的教学过程中难免显得捉襟见肘,即使是案例教学,也是过去的、被动的、脱离时空的教案。目前,我国经济发展正处于转型的重要环节,人口老龄化趋势逐渐增强,劳动密集型的旅游业同样面临人才紧缺的问题,再加上受新冠肺炎疫情的冲击,旅游业百废待兴,亟须一批实践能力强、理论水平高的优秀人才。而对于学校教育来说,改变传统单一的人才培养模式,开展校企合作,有针对性地培育旅游市场所需人才已是迫在眉睫。很多开设酒店管理学科的高等院校已经意识到急需改变教学方法和教育模式,培养适合大数据时代发展的高端人才。但大多数学校对酒店管理学科教育模式和教学方法的改革始终停留在想法层面,并未付诸实践;抑或仍在探讨和摸索正确的产教研融合路径,尚未找到一个适合现状的方案。

同时,在培养酒店管理专业学生的信息数据处理能力上,我国高等院校起步较晚,培养时间较短,所以大部分学校在面对信息化的背景下如何培养酒店管理专业学生这一问题时,并不能给出一个合理的答案。他们往往选择借鉴甚至搬用国内外成熟的教育模式,将其直接应用到自己学校旅游管理专业学生的教育上,这势必会导致国内酒店管理专业学生教育的同质化。众多院校采取同一种模式教育学生,不将学生的差异考虑进去,无法做到因材施教,培养出来的学生毕业后到社会上往往缺乏竞争力。

(三)研究模式缺少与实际结合的环节

"纸上得来终觉浅,绝知此事要躬行。"这是说,人们通过学习理论知识和实践两种途径获得知识,二者缺一不可。理论是基础,固然重要,但倘若忽视了实践,就很难达到预想的目标。实践是检验真理的唯一标准,在实际的操作活动中也能增长经验,提升自己对理论知识的理解,加深对理论知识的记忆,从而反作用于理论的学习,有助于提升自身的整体实力。

酒店管理专业是一门操作性强、对技能水平要求相当高的专业。管理学相关学科旨在提高学生的基本素质,使学生毕业后具备参与管理工作的能力。因此,在实际的教学过程中,一方面要注重学生对基础理论的掌握,另一方面也要强调培养学生学以致用的能力。

目前来看,我国各高校酒店管理专业学生的理论知识基础比较牢固,但是在实际操作方面就显得相对薄弱,进而导致理论和实践无法达到相对平衡的现象,往往过于重视理论却忽视了实践。部分开设酒店管理专业的学校甚至都未配备专业的实践教学,即使有也只是简单的操作演示,并未对实践教学进行深入探讨。因此,很多酒店管理专业学生并不能在校内接受专业性的实践技能教学,只能通过在学校外相关工作单位的实习来提高自身的技能水平。然而,从工作单位的角度来看,无论是旅行社还是酒店相关单位,他们都不会在实习生身上投入太多时间或精力,从而导致了学生无论是在校内还是在校外都无法获得良好的旅游技能培训和实践机会。

(四)学生积极性和参与性不强

信息化的时代背景对旅游相关工作人员的基本素质和技能水平提出了更高的要求,使得学生的教育教学面临着新的挑战,而教学的情境性和互动性成为解决这一问题的有效途径。但是受到多方面因素的限制,大部分学校酒店管理传统教学的改革进度较慢,学生上课依旧是被动地接受,缺少情景的融入和互动体验,无法很好地与信息化的时代背景接轨。在教学的过程中,学生本应是教学活动的主体,但是被动接受、缺乏讨论和参与往往无法充分调动学生的积极性。部分学习不认真的学生无法参与到课堂当中,而认真听课的学生没有明确的目标,看不到学习的效果,体验感极差,进而逐渐丧失学习的积极性。参与性差、目的不明确、看不到学习效果、缺失体验感及成功的喜悦,是无法激发学生学习的动力和潜能的。

同样地,学生在课堂的积极性与参与性强烈与否,会直接影响课堂的教学效果。学生要想实现自身的主动发展,积极地参与课堂是一个至关重要的条件。捷克教育家夸美纽斯曾指出:"教学的艺术的光亮是注意,有了注意,学生才能使他们的心理不跑野马,才能了解放在眼前的一切事物……假若一个教师想用知识去照耀一个置身在无知中的学生,他就必须首先激起他的注意,这样才能调动起学生学习的积极性。"

(五)评价方法片面

传统的教学评价基于传统教学理论的概念和方法来研究和衡量教学成果,对教育质量的评价是片面、不科学的。传统的教育评价工作为应试教育服务,不注重学生个性和能力的发展。现代教学评价以现代教学理论为基础,以教学价值为标准,可以对教学成果进行更加全面、客观、科学的衡量和评价。现代教学评价满足的是当前社会发展和学生全面发展的需要,不仅考察教师的教学,而且用综合信息反馈来评价教学本身,把教育扳回到正确的轨道上,以达到培养适应社会需求的全面发展的合格人才的目标。

传统教育评价和现代教学评价在目标、指标、方式、评价者、评价对象和结果等六个方面存在差异,具体描述如下。

1. 目标

传统教育评价缺乏的不只是科学的理论和方法,最重要的是缺乏对教育活动的价值判断,这是教育评价的一个本质属性。传统教育评价只是对教育活动(如课程、测试)进行真实描述,所获得的理解是片面的、不科学的。比如观摩课,主要目的是交流教师的教学经验,就特定主题进行深入讨论或评估特定教学方法,但这只是反映了教师教学能力的一个方面。听课的主要目的是发现并督促教师纠正教学中的不足,但这并不能带来教师素质的全面提升。考试仅仅是了解学生获得特定知识的情况并进行横向比较。

现代教师评价有几种类型,包括诊断性评价、形成性评价和综合性评价。各种类型的评价目的很明确,主要是为教师和学生诊断教与学的困难和问题。通过分析了解教学情况,教师和学生对自己的长处和短处有一个清晰的认知,从而纠正和克服弱点,以尽快解决困难和问题。用现代教育评价来约束教学,有助于引导正确的教育方向;通过对教学事实的描述,进行全方位的教学价值判断,即判断出这节课的知识价值、智力价值和教育价值。

2. 指标

传统的教学评价无非是一个在传统教学理念指导下建立的"指标",缺少一个清晰的综合指标体系。在传统的教学模式下,教师是课堂评估的核心,而忽略了处于关键地位的学生。参与者缺乏统一的认识和标准,大家都按照固有的"模式"进行评估,因此主观因素的比例太高。现代教师考核指标是一套较为全面、科学、系统的指标体系。该指标体系是一种基准标准评价,能够以现代教学思想全面衡量和评价教学,并与现代学科目标保持高度一致。具体而言,现代教学评价明确课堂、课程各项指标应达到的最高标准,将教学实际达到的标准与指标要求的标准进行比较,发现差距,找出原因。

3. 方式

传统教学评价的主要形式是集体听课。课后参评人员共同交流,最后由领导综合大家的意见并做出评价。这是一种单向的评价过程,听课、评议,以事实描述为主是它最大的特点。

现代教学的评价方法是各种评价方法的综合体。除了课堂教学评价,还有考试、问卷、讨论、提问等。采用三维教育评价方法：教育是起点，从起点引出教师、学生、评价者三道相互垂直的射线。在评价过程中，教师、学生和参评者根据每条射线的相反方向单独对教学活动做出判断。此类评价的结果有效性高，信息完整，特点是：讲授与考试相结合，师生评价与自我评价相结合，综合评价与形成性评价相结合，事实描述与价值判断相结合。

4.评价者

传统教学评价中评价者多是参加听课的教师，而任课教师和在教学中占主体地位的学生却被排除在外。任课教师只能通过自己课堂的教学活动去展示自身的教学水平，无法与参评的教师进行交流和互动，学生也只是课堂教学的陪衬，显然这样的评价方式是不完整的。

现代教师评估是三维的，评估者包括教师、学生和听课者。任课教师的参与不仅为评价者提供了实用、全面的信息，也让教师有机会说明自己的教学方法和体验到自己作为教学主导者的自豪感和责任感，也有助于任课教师优化教学方法，提高基本素质，增加责任感，加快自身建设。

学生参与教师的评价能使教学评价变得更为合理。一是可以使教师获得课堂上难以获取的信息，如学生的学习态度。二是可以使学生清晰地了解学习的目的和要完成的任务，不是只学习知识，更是培养自己的学习能力。三是可以让学生掌握学习方法，即怎样学、如何高效学习及如何运用学到的知识。第四，可以让学生在课堂中清晰了解自己的水平，寻找和其他同学的差距。

5.评价对象

传统的教学评价对象首先是教师，然后才是学生和教学课程。在对教学进行评价时，评价的主要内容是授课老师所教授的课程，而评价的主要目的是提供对教师的评价。此外，忽略了教师和学生的主观因素，只关注教师"教"与学生"学"的外部因素。

现代教学评价的目的是对教学价值做出真正的判断，选择准确的评价对象是关键。教学是由许多因素组成的，其中教师、学生和课程是直接影响教育效果和质量的三个最重要要素。

知识价值、智力价值、教育价值的最终实现者是学生，所以评价时首先要对学生进行评价。

评价学生。学生的状态往往是教师状态的具体体现。学生是教师教学效果的唯一实现者，是自我发展矛盾的内因，是未来社会的主人。因此，在教学评价的过程中要注重对学生的评价。

评价授课教师。评价授课教师及其课堂活动，可以为教师提供及时且可靠的反馈信息，教师可以根据反馈的信息对现有的教学活动进行调整以便达到更好的教学效果。

评价教学过程。教学过程包括所有教学活动，贯穿整个教学课程。它是"教"和"学"的中心和媒介，是师生之间的桥梁和纽带。教学质量不仅与教育效果密切相关，还会直接影响学生。评价教学过程能对学生知识掌握的最终效果进行判断，也为教师提供评价结果的及时反馈，是教师了解自己教学效果的信息库，以便及时对以后的教学进行调整和修订。

6. 结果

传统教学评价的结果有四点不足：其一，以纯粹的事实描述为主，在事实描述中以教学的行为描述为主，在教学的行为描述中以教师的教学行为描述为主；其二，只有定性的结论，缺乏必要的量化过程；其三，可信度不高，也就是收集到的信息资料不全面、不真实；其四，评价后的结果不能指导教师，更不能指导学生。

现代教学评价结果有以下三个特点：

第一，现代教学评价是根据评价指标体系来获取大量的教学信息、全方位地描述教学的各个领域，评价结果是判断学生身心发展的价值所在。

第二，可信度高。现代教学评价是在比较完整的评价指标体系的基础上有计划、有步骤地进行的评价过程。因此，评价结果能反映出教师和学生平日的真实水平，而且不会使教师和学生产生过多的心理压力。同时，因为强调、重视教师和学生的自我评价，所以，评价的结果能较好地反映出教师和学生的心理素质。

第三，评价后能及时有效地指导教师和学生。现代教学评价是以诊断和改善为宗旨，因此评价结束后不但能及时对任课教师进行指导，还能对其他教师和听课学生进行指导。

四、小 结

传统的教育模式发展到今天,已经不能满足当前新时代背景下的教育需求。当代教学方法与传统教学方法相比有明显的不同,取决于:

(1)是否能够充分发挥学生的主体作用和教师的主导作用,将现代科学技术带入课堂,实现科技在教育中的作用。

(2)是否借助科学技术,在课堂上为学生创造良好的学习环境,引导学生进行探索式学习,在观察、发现和共同探索的学习中获得新知识,构建新的认知结构。

(3)是否借助信息技术组织学生进行交流,展示学生的小组学习成果,激发学生独立思考和自我探索的欲望,调动学生协作学习和协作研究的合作意识。

(4)是否充分调动学生的学习积极性和主动性,提高学生在学习过程中的参与度,在课堂上启用第二、第三课堂的学习模式,使学生进入沉浸式学习的状态,通过课堂所学的理论知识加强和指导实践,使用实践经验来整合和理解所获得的理论知识。

第二章　国内外产教研融合的路径和案例分析

一、国外产教研融合的研究

国外在酒店人才的培养上最出名的就是瑞士洛桑酒店管理学院。该学院采用"店校合一"的洛桑模式培养酒店管理人才,造就了浓厚的学术交流气氛,因此它在全球酒店管理高校中名列前茅,引领学术研究的发展。该学院在对学生进行教育的过程中给学生提出了两个基本要求:一是要知行合一,即理论联系实际,用理论指导实践活动,实践反作用于理论;二是必须拥有与学习内容相关的实际酒店管理经验。这意味着学生在完成学习一门课程的同时,必须参与到相应的工作中一段时间,通过实践加强对理论知识的理解和掌握,同时也能够较早地接触到实际的工作事务,培养自身工作意识和能力。因此,在洛桑酒店管理学院毕业的学生大都掌握了丰富的理论又具有较强的工作能力,在进入社会工作时可以直接应聘管理岗位的工作,并且很受人才市场的欢迎。

除了洛桑酒店管理学院的培养模式外,国外的校企合作教学比较成熟,比如新加坡的"教学工厂"模式、日本的"企业大学"模式、德国的"双元制"、美国的"合作教育"和英国的"工学交替"。可以说,合作教育已是很成功、很成熟的教育模式,在实践中运行良好。目前关于合作教育的研究侧重实践研究。

接下来本章将对上述产教研融合的路径和案例进行具体分析。

(一)新加坡的"教学工厂"模式

新加坡南洋理工大学(Nangyang Polytechnic,简称"NYP")独有的"教学工厂"在国际上得到了众多高校的认同。这种模式的最大亮点是在教学的过程中,尽量用企业环境代替大学的教育环境,让大学师生体验真实的企业环境,让学生在进入该领域之前对未来工作环境有充分的专业理解,足不出户就能感受到理论与实践的有机结合,从而培养良好的工作习惯和技术操作能力。这种新颖、创新的教学方式,不仅提高了学生的实践能力,而且通过不同学院专业之间的协同工作,培养了学生的协同创新和团队合作能力,让学生学会如何更好地沟通交流,从而提高学生的整体素质。

从教育学的角度来看,德国的"双元制"是新加坡南洋理工学院教学工厂的理念源头,这是一种符合新加坡自身教育情况的最新教育理念。加强与其他相关机构的合作程度,使得该方案非常灵活适用,学生的学习环境更具有实用价值,更好地满足了学员的就业需求。作为一个教学活动开展的场所来说,它是一个脱离陈旧环境和传统教育理念的实践活动场所,不仅能够开展学校的理论教育活动,而且还可以开展许多科技研究和开发项目,为学生提供亲身实践的体验和训练基地。

林靖东先生在任新加坡南洋理工学院院长时,基于该校的基本情况借鉴了德国"双元制"的教学模式,创新性地提出"教学工厂"这一理念。"教学工厂"简单来说是指由学校、培训部门和企业三方合作共同培养学生,三个部门分工协作,其中学院是核心,而企业则扮演协助者的角色来配合学院的教学活动。作为一种教学理念,不能单纯地认为这是在课堂之外设立一个实习工厂,而是将对学校教学有帮助的企业环境和教育活动相融合,把企业里的工作氛围带进学校内,在学校的教育环境中模拟出一个和真实的企业一样的拥有仪器、技术、人才的工厂,它强调了教学是模拟、仿真、融合的过程。

20世纪70年代,新加坡南洋理工学院还是国家经济发展局技术培训中心和经济发展局科技学院。随着新加坡经济体系的发展,该校也在不断地输送各个方面的技术型人才。1992年,南洋理工学院正式成立,是新加坡第四所理工学院,属于高职院校,学制三年,类似我们国家的高等专科院校,但报考条件较宽松,通过普通水准考试的初中毕业生都可申请该校,而且这类学生在全校招生人数中占比达40%—45%。学生经过三年的学习即可走上工作岗位,满足新加坡经济发展对人才的需要。另外,学校对创新型人才的培养也格外重视,努力提高学生的知识和技能水平以达到适应经济全球化的发展带来的新挑战和要求。

南洋理工学院的"教学工厂"设计凸显了南洋理工学院在新时代背景下的专业人才培养目标,并为该目标提供了最佳的教学环境支持。它有三个关键的设计环节,即环境创造、功能结构和师资分配。

环境创造。"教学工厂"作为教育的承载者和培训平台,需要营造产教结合的环境。南洋理工学院不惜投入重金在学校实验室设立工厂,使用最先进的机械设备,让学生能直观地看到、感受、理解和操作设备。

功能结构。南洋理工学院"教学工厂"的建设规划别具一格又非常合理,为了保证工厂内设备和产品得以及时更新,有些墙体被设计得可以灵活移动和拆卸,方便大型设备进入。"教学工厂"、项目部(中心)办公室、经理办公室和学生教室相互连通,方便项目的设计和开发,从而实现教育专业化、职业培训与职业实践相结合。

师资配备。南洋理工学院对聘用的教师不仅有学历门槛,而且还要求在公司至少有五年的专业工作经验。教职工没有教授职称,均为讲师,但讲师分为五个等级,不分资历,按成绩进行晋升评定和薪资升降。部门下设分部门或中心,职位为总经理、副总经理、行政助理,分部门或中心下设团队和项目组。这些组织和职位显然是企业才有的。正是这些既有理论知识又有实践经验的教师,为"教学工厂"实施企业项目的教学提供了可靠的保证。

我们认为"教学工厂"模式有以下三个特点。

第一,知行合一,理论与实践相结合。在实践教学过程中,不同的阶段表现出来的特点各不相同。针对这些特点,通过小型或综合性项目、企业项目、科研项目,将理论与实践有机地结合起来,最终达到教学和实践活动相融合的目的。目前,我们国家本科院校包括部分职业技术学校对理论与实践的结合不够重视,大多侧重于理论的学习、掌握而忽视了其指导实践的作用。

第二,与环境结合,教育环境与工作环境相融。南洋理工学院的人力资源开发以企业的人才需要为基础。如果毕业生在进入就业市场时能迅速适应工作内容,达到工作的要求,那么会很快得到公司的认可。以企业项目为平台,在学习过程中不仅模拟了现实的商业场景,还拉近了学生与未来工作的距离,提高了学生解决实际问题的能力和创新能力。

第三,符合企业要求。南洋理工学院通过"教育工厂"提供了一种高校教职员工合作和参与工程项目的途径,它将理论与实践有机地结合起来,整合不同类型的知识以满足公司业务需求包括行业要求。我国本科和职业学校的教育长期以来采取在课堂讲授理论、在实验室进行实验、在工厂和公司实习的传统模式。虽然看上去有理论知识,也有实践联系,但在实际操作过程中,教育内容与公司要求联系不够紧密,产生脱节现象,学生很难真正感受和实践最新的科技知识,缺乏快速适应工作的能力。教师往往注重理论研究,导致教学与行业实践的脱节,甚至从一开始就产生实践教学的缺失。

"教学工厂"是一种应用导向的教学模式和教学理念,有着丰富的内涵和教学指导价值,体现在:

首先,秉承"用明天的科技,培养今天的学生,为未来服务"的理念,将工厂目前使用的尖端机械设备放入实验室,为学生提供一个真实的项目开发、工作体验的平台,促进教学设备设施与企业之间的接轨,把教学与就业完美融合,促进学校与企业、教学与就业的联系,助力产教研合作发展,很好地培养了学生毕业后胜任工作的能力。

其次,"教学工厂"的血液和灵魂是与企业合作开展的实践课程。通过有针对性地设计和开发课程,将课程和业务合作结合起来进行项目开发和研究,确保专业课程的先进性、实用性,确保课程体系和教学模式所培养出的学生能满足企业的需求。

最后,"教学工厂"是高校发展专业、培养师资、开发专业能力的重要途径。"教学工厂"注重项目开发,在学院专业开发能力上有所要求。在不断研发的过程中,学院的专业开发能力得到提升,教师也得到了更多的专业培训,实现了教师能力的可持续发展。

南洋理工学院的"教学工厂"模式和我们学生通常在校内学完理论再到企业实习不同,是把教学和企业紧密结合起来,把学校按照工厂的模式办,给学生一个真实的生产环境,让学生通过这样的"工厂"可以学到知识并掌握技能。南洋理工学院的"教学工厂"的主体仍是学校而非企业,而且"教学工厂"并不是一成不变的,而是与时俱进,随着企业、社会对学生的要求的变化而变化,并随着学院师资力量、教学设施设备、学生质量的提升,更深一层融入教学与实践环境中。

"教学工厂"的理念揭示了实现高等教育应用型人才、职业教育人才培养的有效方法。为了提高教学质量的目标,必须解放思想、改革创新、打破传统观念,不断创新人才培养模式;以专业为基础,以市场需求为龙头;在教学设计中,以培养专业岗位能力为目的;在课程模式上,采用工学结合模式;在师资培养方面,着力打造"双师型"队伍;在实践教学基地建设中,充分发挥学院在学校管理中的主体作用。要加强产教研结合的研究探索,不断丰富产教研合作内涵,努力构建优势互补、互利、务实、高效、开放灵活的产教研合作新机制。目前,在我国高等院校探索产教研合作的过程中,由于院校缺乏为企业提供服务的势能,学校和企业对产教研结合的态度是不同的、不均匀的。原因是,我们还没有找到一个把公司团结起来的机制,更谈不上优势互补、互惠互利。推进产教研合作涉及理论创新、机制创新、制度创新和结构创新。在新的时代背景下,我们要认真研究如何能与企业行业建立长期稳定的合作关系这一问题,通过校企合作建设教学管理平台、共建校内实训基地、共建校外实践基地、共管学生顶岗实习,探索建设综合管理平台的新机制,实现多元化合作办学,多边互利共赢,促进资源有机融合,保证人才培养在企业参与下满足职业岗位的要求,实现学院办学体制、机制和管理体制的创新。

(二)日本的"企业大学"模式

日本著名学者青木昌彦把校企合作定义为"通过分属不同领域的两个参与者——大学与产业的相互作用所产生的协同效应来提高大学与产业各自潜能的过程"。他们的做法是产业的学校共同培养职业技术人才,互相承认学分。产业界对应用型技术人才的培养是通过向学校投资、人事交流和科研项目委托等方式进行的。企业向学校提供奖学金,以便接受培养的学生毕业后回到企业工作。这样做的好处是既减轻了学校在设施方面的负担,又使得学生在校期间就能获得企业的工作经验。

"企业大学"培训模式有两种:一是高中与产业界合作;二是大学与产业界合作。

"企业大学"模式是指企业办学,这里所指的学校不仅仅是标准化的学校,还包括企业培训服务或虚拟企业培训学校。"企业大学"模式在日本非常普遍,并且在一段时间内取得了良好的效果。美国研究员雷·马歇尔曾指出,日本的经济奇迹并不是依靠公立职业学校,而是通过在职培训实现的。事实上,整个日本职业学校里,公立大学占比甚至不到6%。日本职业教育的主要贡献者是企业。东京大学的天野郁夫教授断言:"如果说日本教育有秘密,那么法宝就是企业再教育。"日本的大公司都有自己的培训学校或技术培训中心。1986年,日本劳动省对员工人数超过30人的公司的调查发现,有94%的企业公司都采取不同的形式对员工开展再教育。日本"企业大学"模式的成功得益于终身雇佣制和年功序列制。这两种制度对降低公司员工的流动性发挥了显著的作用,使公司能够独享其人力资本投资的收益,同时也避免了人才被"挖角"的问题。

但随着日本劳动力市场的逐渐开放,日本的终身雇佣制度和年功序列制度遇到了严重的挑战。非正式员工占企业人数的比例逐渐增加,对企业的培训积极性产生了重大影响。日本内阁于 2018 年进行的"企业教育培训态度调查"显示,由于流动性大、离职率高、培训成本增加,企业对非正式员工培训的意愿几乎为零。

"企业大学"模式的优势在于能够有效地为企业提供急需的、高相关性的、专业化的、合格的人才,保证稳定的、具有高水平技能的劳动力供给。但这种模式并不能解决专业化与规模化的矛盾,因为公司培训可以满足企业对专业技能的需求,但由于员工需求规模有限,公司培训无法规模化,所以培训的平均成本很高。

20 世纪 60 年代,高等教育改革逐渐成为世界各国关注的热点,日本也不例外。传统"象牙塔"式的学校成为日本高等教育改革的重点。改革顺应了日本经济发展的趋势,同时政府也愿意主动去推动改革的进程。在这种背景下,1973 年 9 月,日本出台了《筑波大学法案》;同年 10 月,筑波大学成功建校,筑波大学以"开放化、灵活化、综合化、国际化"为办学原则,成为日本高等教育改革的一个典型案例,也是当代全世界技术革新升级中大学的代表,意味着日本产教研合作模式的高等教育改革的开端,它的成立顺应了大学发展的潮流和趋势,同样也能反映出新的时代背景下对大学新的要求。20 世纪 80 年代开始,日本的经济迅速发展,日本政府决定要围绕筑波大学建设一个筑波科技城,这是 20 世纪产教研合作的典范。随着社会经济的发展,筑波科技城也就逐渐发展成为日本著名的科研圣地。最值得一提的是,筑波大学的高等教育改革取消了讲座制。筑波大学在成立之初,并没有采用日本传统的本科制度和课程体系,而是建立了学区、学系制,这为产教研的发展提供了良好的基础。

总的来说,日本产教研合作的方式主要有科技人才培养、共同研究等。

1. 积极培养科研人才

日本特别重视人力资源的开发,日本的大学教育向社会整体开放。同时,日本政府建立了积极培养青年人才、认可女性人才、引进外国人才的人才发展制度。日本为了确保其世界科技强国的地位,始终将人才队伍的培养放在重要的位置。1900 年,日本实行全民义务教育。2006 年,日本科技人员人数已经达到

80.2万人,其中博士高达12.9万人。日本平均每1000个人中就有6.42个研究人员,超越了美国位居世界第一。日本的经济和科技的发展蒸蒸日上离不开教育的发展,教育为社会经济和科技发展提供了源源不断的高端、优质的人才,日本在教育上的投资得到了应有的回报。

日本的产教研合作包括了从大学到企业和从企业到大学的双向交流课程。除校内教育,日本商界也非常重视自身工作人员的创新研究能力的培养:定期派遣技术人员到高级培训学校学习,定期邀请大学教授给员工上课,提供最新的理论知识和实践技能,以提高员工的技能水平和工作效率。

2. 合作研究

除了在人才培养方面的产教研合作形式以外,日本产教研合作方式还有合作研究,包括共同研究、委托研究、捐赠、设立共同研究中心等。

多形式的产教研合作及多年的研究发展,促使日本形成了完整的筑波模式。该模式的核心是围绕筑波大学建立的筑波科学城开展产教研合作,利用大学城的人才、知识优势,整合现有的资源,最大幅度地提高产业发展的效率,展现出了产教研的实质。其特点主要体现在:

(1)日本产教研的迅速发展得益于日本政府对其的大力支持,政府积极公布多项加强科研能力、不断优化资金和研究课题的计划。日本高校在生命科学、情报与通信、能源、航空等领域进行广泛的研究,促进了日本的综合发展。

(2)日本的高校与企业联系紧密,进行联合研究。尤其在日本打破高校与企业合作的传统约束后,实行委托研究制度、委托教育、捐赠等,使得各项研究的发展有了显著的推进。通过各个方面的进步,逐步深化合作研究,不断创新阶段性的研究成果,实现期望的研究目标。

(3)为了支持产教研的发展,促进其研究成果的合理转化,适应行业阶段性发展的需要,日本政府出台制定《大学技术转让促进法》。例如,日本的一些修正案明确表示,私营企业在国立大学和国家实验研究所建立相关研究设施时,可以在土地成本方面获得优惠。

(4)鼓励建立相关中介机构,利用机构的专业优势,推动科研成果转化,逐步将科研成果从大学转移到民营企业,形成、优化新的发展市场,并有针对性地应对现有的问题和挑战,以保证科研成果的转化有序推进。

日本国家领土面积较小,物质资源稀缺,但其产教研合作得到有效的发展。

这使得日本的技术水平领先于世界,许多技术产品在全球畅销。日本产教研合作的经验,可以为我国产教研合作的发展提供有益的启示。

一是制度创新。日本产教研合作的发展始终以完善的体系为保障,并随着时代的发展不断创新完善。健全的制度保障,为日本科技成果的知识产权提供了有效的保护,是产教研合作发展的重要条件之一。

二是重视中介机构在产教研合作中的作用。中介机构主要是指政府为协调发展产教研合作而设立的机构,如绩效促进机构和纠纷调解机构。

三是利用产教研合作促进大学发展。在产教合作过程中,往往需要企业为产教合作项目提供资金支持。除了支持项目的完成外,还可以进一步改善和更新大学的科研设备和教学设施设备。

四是调动企业产教研合作积极性。大学和科研院所对企业创新能力的发展有着重要的作用。日本企业一直重视这一点,他们经常主动与大学联系交流,与特定领域的科研院所进行合作并研究某些特定的主题或项目,经常派技术人员去大学或科研院所接受高等教育。

五是充分发挥政府在产教研合作中支持和引导的作用。日本政府不仅通过制定新制度不断支持产教研合作,而且给予产教研合作经费、土地等物质条件支持,为产教研合作的发展营造了良好的氛围。通过教育部、贸工部、科技部等跨部门协调,共同监督和协调产教研发展,建立全面的产教研合作。作为一种通过调动产教研合作各方积极性来实现产教研合作的制度,合作发展在产教研和科技发展中发挥着非常重要的作用。

(三)美国模式

相较于新加坡和日本,美国的产教研合作起步更早。从 1950 年起,美国高校开始与政府合作开展技术创新活动。美国的多所高校参与了原子弹、第一台电子计算机的研制,后来的阿波罗登月计划也有部分高校参与其中。随着社会经济的发展,美国产教研合作的模式也随之出现,高校的职能开始拓展。高校不仅作为一个教育和研究场所存在,科技创新也成为其重要的职能之一。1950 年美国国会通过了《国家科学基金法案》,美国政府开始将学术参与军事研发的模式运用并拓展到其他民用部门,开始加大对航天探测、火箭、卫星等航天科技相关领域的财政支持,其中大部分项目由高校承接。高校科研工作在国家的支持、引导和政策法规的约束下扎实开展,这是美国产教研模式的初步发展。

1970 年以来,美国政府制订了一系列促进产教研合作的计划,包括促进科学研究和国家发展的小企业等价研究计划、工程研究中心计划、大学工业在材料研究方面的合作计划、大学工业合作研究计划、工业与大学在生物技术和高级计算机研究方面的合作计划等,这些计划使得美国科学研究和国家工业经济的发展紧密地联系起来。第三次科技革命为全球社会经济发展带来了巨大的进步,全球经济产业结构也随之改变。随着全球化趋势的日益增强,国际竞争日趋激烈,各国都在加大对科技研究的投入,以期在科技和经济竞争中取得优势。在此背景下,美国开始关注具有特定应用潜力的科研项目,并支持和鼓励科研机构和企业联合申请研究资助项目。1990 年起,美国政府发起的先进技术计划,以集团化的方式管理和支持申请项目的大学、科研机构和公司,以确保产教研合作组织中各参与者之间的相互理解与合作,加快技术从实验室到市场的应用。

美国产学合作起步早,发展时间长,其成熟的合作机制和各种创新方式值得学习和研究。美国国家合作教育委员会对合作教育的基本定义:"合作教育是一种结构化的教育策略,它将课堂学习与相关领域的生产性工作经验结合起来,合作教育是学生、教育机构和企业的结合。"

美国合作教育的具体形式如下:

一是学生在学校学习,但每年有四分之一的时间在相关的公司或组织中学习,使学生的学习和实践相结合。

二是生计教育。在这种模式下,学生先到公司去体验生活,获得经验,学生中途可返回学校学习,学校认可学生在公司获得的学分,完成学业的学生就可以得到学校颁发的证书从而正式得到工作。

三是收办学校,校企合作。企业为学校办学提供大量的资金,或企业以学校之名自办学校,培养自己所需的人才。

校企合作主要有以下四种类型:

一是学校与企业共同打造经济实体。该模式是指产教研各方参与者通过出资或技术参股成立一家经济实体。其优势在于集技术研发、生产、销售于一体,参与各方共同研究、开发、生产以进行技术开发或技术使用,解决了学校、企业、科研院所的利益分配问题,降低了发生利益冲突的可能性。该模式是产教研合作发展的典范。在美国众多的大学中,麻省理工学院作为创新方面的代表一直引领美国高校产教研的发展。2001—2010 年,该大学每年建立大约 20

家新公司,建有来自全球的 5000 多家公司,年销售额达 2300 亿美元。通过知识和技能转移获取更多学校教育资源的同时,麻省理工学院为社会进步提供了人才和技术支撑,大大提升了其在美国和全球的影响力,已成为世界领先的创业型大学。

二是校企合作项目研发。以项目为媒介,企业委托高校进行研发或进行联合研发,以签订合同的形式建立稳定的合作关系。这是美国大学也是目前国内高校产学合作的主要方式。这种形式的合作不仅能有效规避企业自主研发的高风险,减少投入的成本,同时还为学术科研带来了新的课题,有助于科研成果转化为真正的生产力。包括 Google 在内的许多美国著名公司都是在大学里孵化的,与大学的联系非常紧密,校企之间的合作关系非常深入且稳定。

三是校企共建科研基地,有政府引导或企业、高校自发组织两种类型。由企业与高校、科研院所按比例投入不同的要素建立联合研发机构、联合实验室和工程技术研究中心等基地。美国开了在高校建立研究中心的先河,主要是政府在高校建立科学研究中心、校企合作研究中心和工程项目研究中心。这三个研究中心分别对应基础研究、应用研究和技术开发研究三个层面,从而形成研发、调试、投入市场有机的链条。其中较著名的合作研究中心包括麻省理工学院复合物加工研究中心和罗德岛大学机器人研究中心。这些研究中心企业占成员总数的 90%。这种校企合作趋向于长期合作,所以对高校的科研水平和企业的规模提出了更高的要求。

四是校企共建人才培养实训基地。在这种模式下,高校、科研机构和企业共同出资打造学生实训基地。以基地作为基础,企业员工可以在高校接受高等教育和专业培训,学生可以在基地积累工作经验,大学教授可以担任企业顾问,以多种方式进行联合培养和人才交流,增加和提高企业、高校、科研的知识储备和创新能力,促进产教研各方的知识交流和技术创新。实训基地主要为学生提供了培养一流岗位专业技能的专业实训平台,学生不仅可以在实训基地展示实践技能,提高自身的专业竞争力,还可以培养自身的团队协作和人际沟通能力。对企业员工,特别是高级管理人员进行高校再教育,是校企合作关系保持稳定的重要途径。

美国的高校和众多企业都有着非常密切的联系。在高校与企业的合作中,高校以技术创新为主,而企业则为高校的技术研究提供资金支持。在高校技术创新成功之后,研究成果会直接被应用在合作的企业中。因此,美国"产教研"模式具有校企人才交流、合作密切及资金支持充足的特点。同样这种模式的效果也是非常显著的，使得美国不断涌现出新的技术创新成果，在全球化背景下科学技术不断得到发展，在国际竞争中占据优势地位。最具代表性的案例是美国斯坦福大学的"硅谷"。有一种说法是，硅谷等于斯坦福大学加硅谷，硅谷至少有5000家公司与斯坦福大学有联系，可见斯坦福大学对于目前全球最大增长极的重要性。而这一切都有赖于斯坦福大学产教融合的教育模式，它从教学到组织设置，都有着和传统大学全然不同的结构，可以说是全球产教融合的佼佼者。斯坦福大学有着大量与传统专业学院行政级别等同的独立跨学科研究中心，它们开展的是各类前沿科技的研究。这样一来，企业可以获得尖端的科研支持，研究中心则获得了企业的资金支持。斯坦福大学的18个独立跨学科研究中心，为人类健康、基础科学、保护环境和经济文化做了不小的贡献。同时，斯坦福大学还有着非常完善的咨询教授制度，咨询教授一般是企业或政府机构研究部门的人员，他们在校任职期间仍然属于原有的雇佣单位。和中国国内高校很多兼职教授不同，他们的咨询教授必须是专业型人才，在有教学任务和研究任务的时候亦会和其他教授一样常驻学校，而且有着一套完整的推荐、考核、福利和职责机制，这样就保证了社会实践经验可以完整地传授给学生，并且形成长效机制。此外，始建于1951年的斯坦福大学科技园，在推动科技创新方面做出了巨大的贡献。斯坦福大学科技园为硅谷的诞生提供了先决条件，硅谷的发展也成就了斯坦福大学。早期，斯坦福大学科技园为硅谷的产业聚集提供了土地，在后来的发展过程中，斯坦福大学和硅谷在不断成就对方的过程中共同前进。得益于高新科技产业的支持，在第二次世界大战之后斯坦福大学成功进入世界一流大学行列。斯坦福大学向外界开出了优渥的条件，吸引了许多家企业入驻。而入驻的企业出资在校内建造各种研究中心，为校内师生提供科研项目，使得斯坦福大学科研水平得到了显著的提升；同时，斯坦福大学的学生也得到了大量实地实习的机会，培养了很好的创新和实践能力。作为一所真正依赖产教深度融合而发展起来的创新、创业型大学，斯坦福大学是世界上许多著名科技公司的摇篮，因斯坦福大学科研成果诞生的公司有谷歌、雅虎、思科等，其中由学生创办的高科技公司有英伟达、惠普、Snapchat、Instagram 等。与传统的学校不同的是，斯坦福大学并未将其技术研发的成果直接出售给合作企业，而是选择参与企业发展的各个节点，用技术去创造实质性的利润。硅谷的很多公司是由斯坦福大学的学生或者科研工作者创办的，同样也有很多员工毕业于斯坦福大学。有了充足的科研人才支撑,硅谷在世界科技领域逐渐成为高科技的代名词。

通过对美国产教研合作模式的深入研究,我们发现美国产教研的合作为其国家经济、科技水平的发展做出了重大的贡献。美国产教研合作起步早,发展时间长,至今已经非常成熟,在全球处于领先地位,成为其他国家学习和模仿的典范。尽管美国出现过经济增长放缓和宏观经济赤字的问题,许多在"婴儿潮"时期出生的人已经退休,在创新方面的投资增长相对缓慢,日、韩等国家科研资金总投入占 GDP 的比重几度超过美国,但就创新能力来说,美国在全球范围内仍具有非常大的优势,而这主要得益于其产教研合作创新的发展。

(四)英国模式

英国经过对国家高等教育实际情况的调查,结合各个阶段经济发展目标,也在不断探索中形成了独特的校企合作模式。根据英国大学校长组织 Universities UK 的调查数据,截至 2006 年,英国高等教育每年平均为其经济贡献 450 亿英镑。这有力地证明了英国是产学合作领域取得诸多成就的先进国家之一,英国的校企合作对其经济的发展做出了重大的贡献。

企业与英国大学之间的合作主要有以下四种途径。

一是建设大学科技综合体。剑桥大学的"剑桥现象"和华威大学的"华威科技园"都是创建大学科技园的代表。剑桥大学周边有超过 1000 家科技公司,员工近三万人,是欧洲最大的高科技产业集群,极大地促进了信息技术、生命科学技术和生物医学技术、电子和计算机技术的发展和革命。

二是开展再教育合作。在经济全球化和信息科技迅速发展的背景下,发达国家已经达成了对员工进行持续、动态培训的共识。企业要利用大学的教育力量,承担更多的教育责任,为企业员工提供再深造的机会。在英国,为员工提供三年的职业培训已成为八成企业计划在内的事情,超过一半的公司通过继续教育来提升员工的知识储备和创新能力。华威大学是英国高校里企业员工再教育的典型。该大学已与全球超过 300 家公司建立了长期的合作伙伴关系,由公司派中高级管理人员到大学深造。下属华威制造业集团每年雇用 450 名教师和研究人员对超过 5000 名集团员工进行培训。

三是企业与高校共同解决师资问题。双方联合聘请高水平的教授和科研人员,高校和企业共同确立"联合教授"的职位。教授和科研人员薪资由双方共同承担,学校学生和企业员工都可以参与联合教授的课程。剑桥大学和 GUIN-NESS 共同设立管理科学教授职位;萨尔福特大学和英国煤气公司共同资助了煤气工程教授,和英国航空航天协会一同设立了航空科学教授职位,和 Danich-Sykes 公司设立了高级制造系统教授职位,并与 Univer 公司合作设立了胶体和表面化学教授职位等。

四是咨询与捐赠。英国的高校和企业界互利互惠,高校为企业社会提供各种信息咨询服务,而企业每年都会以向大学捐赠的形式投入巨额资金或设备。比较典型的有埃克塞特大学,超过 300 家小型企业受益于埃克塞特大学提供的产品开发技术,企业则提供资金或设备予以反馈。企业对为大学提供资助和技术设备很重视。为了能使学校更高效地给予自身帮助,一些企业通常会将先进的设备捐赠给学校,以便学校将来能够更快地投入工作。企业为高校捐助的经费也在不断增加。1992—1993 年,英国企业向英国 46 所大学捐助了 1.6 亿英镑,这些经费除了用在科研上,还用来资助学生。2002—2003 年间,企业捐助的科研经费已经达到高校科研收入的 6.81%。

华威大学成立于 1965 年,位于英格兰中部的工业中心,距离考文垂市中心约 3000 米,在 720 英亩(约 2.91 平方千米)的土地上拥有三个校区。首任副校长杰克·巴特沃思积极倡导学术科研发展,加强与工业和社区的联系,致力于建设一所追求学术卓越与"创收"活动相结合的创业型、研究型大学。虽然这种发展模式被一些反对派戏称为"商学院"和"华威大学有限公司",但华威大学仍然坚持这种模式,并在 1967 年建立了一所为企业和社区服务的商学院,在 1974 年建立了艺术中心,在 1980 年成立了华威制造集团这一实体公司。华威大学始终坚持自己的发展道路,与工商界密切合作,服务对象也不限于企业和社区,多元化筹集办学经费。

但其实华威大学早期非常困难,尤其是在经济上,主要是因为最初英国的大学缺少国家和政府的资助,这与欧洲许多国家的办学主体都不一样。在英国,社会机构和个人出资帮助建设大学,比如著名的牛津大学和剑桥大学是由基督教会资助的,19 世纪的城市大学是用地方和私人资金建立的。一直到 20 世纪 50年代,英国政府才开始筹集资金,成为高校的主要出资人。"二战"期间,中央政府提供的经费约占总经费的 1/3,但"二战"后中央政府的经费和基本建设费用已经超过大学预算的 90%,可以说英国高校已初步实现了国有化。华威大学作为一所新大学,完全由政府资助,因此经费紧缺。再加上 1979 年撒切尔政府上台时,引入了市场经济和私有化政策,在教育经费上实施了重大预算削减,大学经费在三年内缩减了约17%,即使是成立仅14年的华威大学,办学经费也遭受了10%的缩减。几乎所有大学都出现了经费方面的问题。在这种背景下,华威大学开始逐步转型为一所创业型大学。

首先是观念的转变。华威大学意识到无法依靠和信赖英国政府,想要摆脱目前经费短缺的困境必须依靠自己寻找出路。华威大学以"存一半,赚一半"的政策来弥补资金的不足,也就是常说的开源节流。虽然最后节流的目标没有实现,但在开源方面取得了明显的成效,因此制订了通过创收来获取办学经费的发展战略。基于创收理念、战略和政策,华威大学积极开拓市场,扩展服务对象的范围。1980年,由华威大学工程学教授Bhattacharya领导的华威制造集团的成立,是华威大学创收获取经费历程上的一个重要里程碑。自成立以来,华威集团已与超过300家英国公司达成了合作关系,其中包括汽车设计领域的劳斯莱斯、罗孚等具有影响力的公司,以及飞机制造领域的英国航天公司等;华威集团也已经在香港、曼谷、吉隆坡、加尔各答、南京、约翰内斯堡等城市设立了卫星公司。20世纪90年代,华威国际制造中心成功建立并逐步扩建,集聚了英国高端人才,该集团现有科研人员450名,有半数来自工业领域,对人才的需求量也很大,每年招收研究生1000多人。

1995年11月11日,英国杂志《经济学家》在一篇整版报告中称Bhattacharya教授为"产品开发教授"。华威制造集团现在是世界上最大和最受欢迎的组织,英国首相托尼·布莱尔一再称赞。另外,1967年成立的华威大学商学院,在开源理念的指引下,也取得了长足的发展。商学院将人才培养和研发与有需要的企业有机结合,与全球各地的工商企业及政府机构保持密切合作。在教育方面,商学院有针对性地在校内、校外乃至国外推出了全日制和兼读制的MBA系列课程。20世纪90年代中期,每年有近2000名管理人员在这里接受职业技能再教育。在科研方面,校外成立了八个以上的科研院所。商学院注重引进知名教授学者和专业人士,其学术水平非常高,在英国科研评估中排名第一,是英国最好的商学院之一,被誉为欧洲"哈佛商学院"。这不仅扩大了其国际影响力,推动了国际产教研合作的发展,还使该学院获得了丰厚的经费和科研收入。

1994年建立的"华威科学园"是华威大学扩大服务范围的另一个重要步骤。该园区由华威大学、地方政府和企业共同出资打造。园区内的大多数公司与华威制造集团密切合作,主要从事计算机软件和系统开发、机械制造、电气工程、医疗和生物技术以及仪器和设备开发等相关研究。华威科学园占地42亩(即0.028平方千米),主要用来培育和孵化高新技术企业,专门服务于具有潜力的小型企业,在产品开发和员工培训以及学生就业机会方面充当华威大学与行业之间的桥梁。如今,该园区拥有85家多元化的高科技企业、1300多名员工。

综上所述,华威大学在致力于转型的过程中,在实现工业扩张、迈向综合性研究型大学方面取得了显著的进步。经过日积月累的努力,该校在2000年英国官方大学排名中名列第九,成为名副其实的"超一流大学"。

英国在产教研合作方面的不断创新为其发展提供了源源不断的动力,在模式上有点像日本,都有独特的官方色彩,其特点主要体现在以下几个方面。

第一,政府积极推动和鼓励企业研发,出台相关政策激发企业创新活力,有效促进和实现当前产教研合作的成果转化。在政府的积极推动下,产教研合作模式全面发展。

第二,政府对具有创新能力的中小型企业的发展格外关注,积极推动中小企业和教育机构的联系,切实发挥高等教育对企业发展的推动作用,激发企业创新活力以满足社会经济发展的需求。

第三,英国根据自身经济发展的趋势不断推陈出新,出台相关政策促进产教研合作发展,积极推广"华威大学"模式。支持大学教授创业,与学术界共同引领产品创新,拓宽参与渠道,加强各方参与,深化产教研合作,满足当前发展需求。

(五)德国模式

德国的产教研合作发展遵循"双元制"模式。双元制实际上是一种将高等教育或职业教育与企业职业培训或者实践相结合的模式。它与传统大学课程的不同之处在于两个方面:一个是实践性,即能参与实践进行实际的工作;另一个是学习场所不同于传统的大学,既包括高校,也包括企业,即所谓"双元"。

德国独有的社会文化和历史背景造就了德国科学家严谨的科学研究态度,著名的弗朗霍夫协会模式和大学科技园就是在这种环境下形成的。

弗朗霍夫协会模式于1949年在慕尼黑创建。该模式是指协会、企业、大学和政府分工协作各司其职,最终形成合作共赢的机制。大学负责科研和人才培养,政府负责在财政上提供经费支持以降低成本,企业负责提供生产条件并充分发挥营销功能,协会则负责培养专业人才并投入基础和应用研究。这种分工协作充分发挥了参与主体的自身优势,有助于实现更大的商业价值。

弗朗霍夫模式的发展得到了国家的高度支持,国家投入的经费占其总资金的30%左右。此外,弗朗霍夫模式积极与所在地区的高校、科研院所开展合作,使高校和市场紧密联系起来。在整个模式中,高校不仅根据其科学的规划向企业和社会源源不断地输送优秀人才,提升企业的技术水平和创新能力,而且大大降低了企业的人力资源成本,使得高校师生也相应地得到了工作经验和技能水平的提升。例如,弗朗霍夫集团在财政和物质上支持高校的科研活动,为高校的师生提供实践机会,加速推动高校科研成果转化为实际的经济效益。尽管弗朗霍夫模式包含政府、大学和公司,但弗朗霍夫模式中产出的技术创新专利大部分属于弗朗霍夫协会,因此可以说最大的受益者是弗朗霍夫协会本身。弗朗霍夫协会模式的发展得到社会各界的支持和助力。政府、工商业、欧盟甚至其他国家的政府纷纷出资支持其研究,其中工业、基金以及政府是其研究资金的主要支持者。

与其他欧洲国家相比,德国科技园区的建立相对较晚,直到1983年才建立了第一个。尽管德国科技园起步较晚,但其发展速度很快。近年来,德国已建有超过300个科技园区和创业中心,其中比较有名的是由政府支持的慕尼黑高科技工业园。该科技园在电动力学、电子学和微电子学领域都拥有著名的研究中心,被称为"巴伐利亚硅谷"。德国一流大学也积极为该科技园提供优秀人才和先进技术,许多研究中心也聚集在这里。

该科技园的发展与政府资助和扶持政策所创造的良好外部条件密不可分。科技园建设的主要目的是发挥创业孵化器功能,依托高校或科研院所,为学生提供就业岗位,构建一体化发展模式,为企业发展提供创新平台,从而实现更好的生产、教育和研究。该科技园拥有完善的服务设施,能够满足产教研合作的基本要求,促进学术科研成果的转化。同时,政府还采取了一系列资本政策、税收政策和金融政策,拓宽招商引资渠道、鼓励投资增长、启动创业投资基金的机制以支持科技园的建设和发展。

以上两种模式称为产教研"双元制"教育模式。具体而言,它是一种以理论知识为基础,以应用实践为导向,通过企业与大学合作,将人才培养贯穿于整个教学过程的人才培养模式。"双元制"的"双元"有效保障了高校职业实习和企业晋升培训的人才质量。

德国"双元制"职业教育为德国的社会经济发展提供了高质量的人才支撑，被誉为"二战"后德国经济迅速发展的"秘密武器"。在"双元制"的教学过程中，学生既接受学校的专业理论知识和职业教育，又在其高校合作的企业接受专业的技能实训。长此以往，在学校和企业的共同培育之下，学生能牢固掌握所学领域的相关理论知识和实践技能，为德国社会的经济发展输送源源不断的知识、技能双重型人才。在对学生的考核方面，该模式分为理论知识考试和技能考试，学生只有通过两个部分的考试才能获得国家所承认的岗位资格证书，从而成为一名合格的员工。

德国"双元制"职业培训实际上是从学徒制发展而来的，即随着工业生产的发展，传统的企业学徒制吸收了学校教育作为补充而形成了职业教育制度。在这种校企合作模式下，企业为学生提供实践技能实训的场地，可以视作企业在人力资源方面的投资，同样也是对企业的发展的投资。企业在"产教研"这一教学模式中扮演着十分重要的角色，在招生、培训、对口岗位数目和学生具体的培养计划等方面，企业都居于主导地位。

以企业为主体的"双元制"教育模式具有很多的优势，具体体现在通过对目标学生量身定做的培养计划培养出来的学生更加符合企业发展的需要，同样，真实的工作环境使学生能够更快、更熟练地适应即将到来的工作。

德国"双元制"的教育模式非常注重实践。重视实践这一点贯穿"双元制"教学过程的始终。除此之外，在对学生教育培训的过程中，学校和企业均使用企业经验丰富、实践技能水平高的教师。一般来说，教师需要通过总共22年的长时间学习，在充分了解企业生产发展流程、具备企业经营管理能力的基础上，才能有针对性地开展其教学任务。在教学过程中，既要按照企业所需来进行教学，其教学内容与企业工作具有极强的关联性，也要拓展到其他相关的知识领域，努力提升学生的综合素质与能力。

同时，在实行"双元制"教育模式的过程中，校企合作双方的责任义务以法律形式规定下来，在政府主管部门的监督下，学校和企业共同承担校企合作这一教育模式的责任。因此，有了法律制度的保障，企业对"双元制"模式的教育更加用心，并将其视为对企业未来发展的一种投资，在对学生的培养上，以企业员工的标准去对待，不仅为学生提供可供锻炼实践技能的工作岗位，还配备专门的培训设施、经验丰富的教师和充足的资金支持。

(六)瑞士"洛桑模式"

瑞士旅游业起步早,被认为是"现代旅游业的摇篮"。自 19 世纪中叶以来,凭借其"欧洲心脏"的优越地理位置,瑞士已成为欧洲乃至世界的旅游中心[1]。近年来,瑞士酒店管理学院培养了大批优秀的旅游人才。作为瑞士酒店管理学院培养优秀人才的领导者,洛桑酒店管理学院开创的"洛桑模式",在欧洲旅游和酒店人才培养方面发挥了重要作用。我国酒店业也在迅速发展,在酒店高端人才无法满足现有酒店业发展需求的背景下,研究和探讨洛桑酒店管理学院人才培养模式的成因、内容具有重要的理论和现实意义。

1. 形成与发展

酒店管理最早起源于 19 世纪末的瑞士。随着 19 世纪中叶旅游业和酒店业的兴起,瑞士迅速成为最受欢迎的旅游目的地之一,创造了独特的瑞士酒店培训和服务文化,洛桑酒店管理学院就是在这样的背景下成立的。1893 年,在瑞士日内瓦湖畔的一家小酒店内,洛桑酒店管理学院正式成立,这是全球酒店教育的开端。经过近 126 年的发展,洛桑酒店管理学院已成为全球最知名的酒店管理学校,在 2019 年 2 月发布的最新 QS 世界大学排名(QS World University Rankings)中,洛桑酒店管理学院酒店管理专业位居世界第一。

洛桑酒店管理学院经历了起步、发展和快速发展三个阶段。1893 年,Jacques Tschumi 建立洛桑酒店管理学院,自建立起到 20 世纪中叶这段时期被视为洛桑酒店管理学院的起步阶段。尽管洛桑酒店管理学院很早就建立了,但由于处于刚刚起步的阶段,并没有得到足够的支持。酒店从业人员的管理培训更侧重于专业服务和技术操作。1950 年以后,随着旅游业的快速发展和其对经济的促进作用加强,欧洲一些大学逐渐认识到旅游和酒店教育的发展前景,开设了相关专业课程。洛桑酒店管理学院酒店管理专业逐渐得到了重视,开始进入了发展阶段。一直持续发展到 1990 年,洛桑酒店管理学院进入了快速发展的阶段。洛桑酒店管理学院被瑞士联邦政府纳入瑞士西部高等职业学院/应用科学大学附属的高等职业学院,成为当时酒店专业唯一一所被联邦政府认可的专业大学。这一时期,洛桑酒店管理学院基本形成了较多层次、多样化的完整教育体系,酒店管理专业教育规模不断扩大,学术理论不断丰富,专业水平多样化,"洛桑模式"逐步成熟完善。

2. 洛桑酒店管理研究生人才培养模式的主要内容

洛桑酒店管理学院以其追求卓越的教育理念和规范严谨的教学态度始终处于全球酒店人才培养的领先地位。但主要原因还是其相对成熟且完善的人才培养模式，也就是"洛桑模式"。

（1）教育管理

从某种意义上说，人才培养质量直接取决于教育管理水平。洛桑酒店管理学院的教育管理通过完善的组织框架和严谨的学术认证，达到精益求精、追求卓越的人才培养目标。

完善的组织框架。瑞士政府是没有教育部的，大多数瑞士酒店学校都属于职业教育范畴。酒店协会和酒店集团是瑞士酒店管理教育质量始终处于较高水平的保障。洛桑酒店管理学院与洛桑酒店咨询公司和其他子公司均隶属于洛桑酒店管理集团，该集团在整合旅游和酒店资源、满足旅游市场需求方面发挥了重要的支撑作用。洛桑酒店咨询公司成立于 1976 年，隶属于学院集团，提供咨询、高级课程、学院发展等服务，为全球合作伙伴提供有效、全面、可持续的解决方案，从而培育高素质的优秀旅游工作人员和酒店集团团体。1882 年，瑞士酒店协会成为世界上第一个研究酒店业发展的组织，同时也面向瑞士酒店和旅游业提供服务，负责规范酒店的有序发展和整个旅游酒店业务经营。上述稳健的组织框架构成了洛桑酒店管理学院人才发展质量的有力组织保障。

严谨的学术认证。洛桑酒店管理学院自创建以来，不仅拥有众多稳定的合作伙伴，还获得了多项国际标准的学术认证。2004 年，该学院获得了新英格兰大学高等教育机构委员会的认可。此外，该学院的酒店管理 MBA 获得了瑞士认证和质量保证机构的积极评价，为提高教学质量和研究水平做出了贡献。同时，该学院自 1998 年起归属于瑞士应用技术大学，开设了瑞士唯一的应用科学与艺术酒店管理课程，确保酒店管理专业的大学学位受到瑞士法律的保护。

（2）招生机制

洛桑酒店管理学院对学生的要求较高，执行的是"严进严出"的标准，不管是在招生还是在毕业方面，都设立了较高的门槛。其在招生时，更加关注每个学生的个人素质和学术背景，以确保学生的录取质量和毕业生的水平。在入学要求方面，学院会根据学生的学历背景提出不同的要求，但都需要特定的语言能力和毕业证书。为了帮助学生达到相对平衡的学术水平和人文素质，学院会对学生进行系统的分析、预测来评估学生的发展潜力,判断其是否能够胜任酒店和旅游方面的工作,并根据评估结果,对不同类型的学生采取不同的教育方式,开展有针对性的教学工作。

学校在招生过程中强调学生的专业潜力和个人素质,重视理论与实践经验的结合,提倡在实践过程中获得知识和技能的提升。学院虽然在招收本科生时没有要求学生必须要有从事相关工作的经历,但很在意学生对旅游酒店行业的喜爱和关注程度。在培养过程中,学校会为学生提供实习机会,对学生开展一系列的考核,并按照严格的评分制度对学生的表现进行评价,确保学生达到一定的理论水平和工作能力。学院设有酒店管理专业硕士点,申请者必须具备酒店、旅游或工商管理类学科专业的本科学历,并拥有一年及以上相关行业的工作经历。

(3)专业教学

洛桑模式的本质是从行业需求出发,引领学术和理论研究的发展,注重学生的实践能力培养和行业经验积累,以实现学院培育高素质酒店管理人才的目标。洛桑酒店管理学院自成立以来,紧跟市场需求和行业变化,及时更新培训教材,保证理论教学不和实践脱节。他们清楚认识到理论和学术研究的重要性,学校于1951年就开始设计和编写专业教材和书籍,以帮助学生夯实理论知识。这些教材和书籍内容丰富,编写质量高,也被其他大学纷纷参考借鉴。同时,教材的编撰反过来又推动了学校的学术和理论研究,使得学院在全球旅游酒店专业始终保持较高的研究水平,始终处于学术和理论研究的前沿。在师资配备方面,学院也设立了一套严格的标准,不定期地对教师业绩进行考核,不合格的教师可能会被解雇。

为跟上行业变化的步伐,满足学生多样化的学习需求,学院还开设了奢侈品品牌管理、内部审计等多门选修课。在实践教学上,学士学位课程由半年预科和三年课程组成。预科以一学期实践课程为主,着重培养学生的专业技能,主要是在实训基地进行服务技能培训。三年课程主要学习与管理相关的课程,包括"基本的酒店管理理论""实际业务应用"和"综合战略分析"等。

硕士课程要求学生完成在瑞士洛桑、美国休斯敦、中国香港三所大学共为期16个月的课程。此外,教师会带领学生参加跨国公司的战略咨询(巅峰项目),这对学生来说是非常好的锻炼机会,有助于开阔学生的视野,提高其语言沟通能力和人际交往能力,深入了解行业实际。学院也允许教师教学之余在企业兼职,让教师直接深入学科第一线,及时获得市场的反馈信息,以更新、调整教学的内容。学院还积极鼓励并推荐教师参与企业的运营或挂职培训,保证教师的理论水平和实践能力相吻合。此外,学院实行教师高薪制,旨在保证教师的全面发展,敢于创新能力,保持动力和活力。

(4)专业实习

洛桑模式的专业实习可以用学以致用、内外并举来形容。洛桑学院实习生这一概念最早出现在 20 世纪 50 年代末,至今其实习模式已经非常成熟,保证了酒店人才培养的质量。内外并举是洛桑专业实习的一大特点,即内部实习和外部实习相结合。为了更好地积累工作经验,学生往往在预科的第一个学期就参与校内实习,学校实训基地设施设备完善,基本模拟了酒店的各个部门。学生实习有轮岗制度,可以参与酒店运营的各个环节,这样可以较好地了解酒店运营的基本情况。在第二个学期,学生会走出校门到国际知名的酒店集团进行实习。有了第一学期的经验积累,学生可以很快适应酒店集团的工作,在实践中更好地发挥自身能力,积累更多的工作经验。学生在校的第二年则会进行管理实习,以期增加自身的管理经验。到大四毕业前,学院会要求学生和教师组成一个商业规划项目的团队,直接面向客户服务,解决实际商业经营中的问题并为其发展的战略提供建议。数据表明,在这个模式下培养出来的学生,在市场上备受欢迎,超过半数的学生的商业策划和建议被企业采纳。除了在课堂教授酒店相关的理论知识和锻炼学生的实践能力外,学院还针对每个学生的个性特点提出合理化的建议,帮助其更好地发展。

通过对新加坡、日本、美国、德国和瑞士"洛桑模式"在教育管理、招生机制、专业教学和专业实习的分析,结合我国当前旅游管理专业产教研融合的发展现状,可以发现他们的经验有许多可以借鉴的地方。

第一,我国旅游从业人员存在对职业的忠诚度较低、创新能力不足的问题,许多旅游专业的学生毕业后从事与本专业无关的工作,人才流失率过高。相反,瑞士洛桑酒店管理学院在对学生的培养过程中相当注重其职业忠诚度和创新能力的培养。因此,在招生机制上我们可以参考、借鉴洛桑模式中"严进严出"的招生原则,注意对学生职业忠诚度和未来从事该行业的期望值的考察。在培养过程中,明确教学计划和教学目标,实行高标准、严要求,充分调动学生学习的积极性和主动性,注重学生的横向发展,培养学生的交际能力、创新能力,推动学生的全面发展。善于灵活运用校内外的各种资源,建立旅游专业人才交流平台,加强和毕业校友的联系,引导学生树立正确的就业观,指导学生的职业生涯规划。

第二,人才培养与国际接轨,积极学习国内外高校旅游管理专业课程建设的经验,及时优化、更新教学内容和授课方式,开展国际化合作。在专业建设方面,以世界旅游组织旅游教育质量认证为基准,提升专业的国际知名度和竞争力。注重学习国外先进成熟的人才培养经验,完善教学管理模式。适时更新教材内容,引进国内外与本专业相关的前沿课程,开展创新创业课程,提升学生创新创业技能和新技术应用能力。加强学生外语能力的培养,拓展学生就业市场,注重学生职业道德的培养,提升学生的职业忠诚度。组织和参与学术交流方面的国际会议,与国际旅游管理专业教育接轨,不仅可以使在校师生更好地了解到专业领域学术研究的前沿和热点问题,同时还可以扩大学校在本专业的国际影响力。浙江工商大学自2014年建立酒店管理专业,原系主任杨欣就以国际化标准、专业化培养作为专业建设的原则和方向,坚持以培养优秀的酒店职业经理人为专业培养目标,成果斐然,其酒店管理专业于2022年再次被中国软科学评为全国第九、浙江第一。

第三,产教研的三大主体——政府、企业和学校应协调分工,紧密合作,实现教育培训场景化。依据国家教育产业的发展战略,结合教育市场的实际发展情况,通过政府出台相关政策对其进行引导和支持,制订专业优秀人才培养规划。学校立足专业和行业的标准及专家的意见更新课程内容,制订教学计划,依靠政府和企业的经费支持完善校园设施设备的建设,开展场景化教学,将实际生产经营、创新创业与教学实践相结合,培养理论和实践水平皆具的创新人才。提高企业实训平台的利用率,整合教育市场资源,帮助企业职工开展再教育培训活动,拓宽产学合作渠道。

第四,在师资方面,要努力提升教师的实践能力和教学水平,走"双元"发展的道路。教师质量是培养人才的关键,也是学校教学水平的体现。目前,大部分本科或专科教师都具有高等学历,学术水平较高,但缺乏行业经验,因此学校需要结合自身的师资配备情况聘请行业内教师。作为瑞士"洛桑模式"的一大特色,洛桑酒店管理学院在师资方面配备了较多的具备行业经验的教师。同时,学院教师在公司兼职或担任顾问,并定期到公司进行培训。这种教师个人职业生涯理论和实践共同发展的模式可以更好地推动学校产教研的发展。因此,学校要积极为缺乏旅游行业经验的高校教师创造条件,拓展教师实训平台,使教师能及时获得行业前沿的最新信息和知识。建立为教师提供临时就业和社会保障的教育体系,结合职称晋升和绩效考核,使教师可以在行业实践中不断发现前沿问题,提高自身解决问题的能力和教学能力。

第五,实施校内外实习制度的多轨循环。学习洛桑模式的专业实习制度,内外并举,使内部实习和外部实习相结合。比如:学生第一学期在校内实习培训,第二学期就到校外实习工作,第三学期在校内进行理论学习,第四学期去校外实习工作。类似这样的校内校外循环实习,在巩固学生理论水平的同时,提高学生的工作能力,积累工作经验。高校应该充分利用校外资源,与政府、企业、行业协会等进行合作,从而为学生教育和实习提供更多的资源和平台。学校负责抛砖引玉,提供场所供学生进行基本的实习工作培训,结合校外实习使学生进一步运用其所学知识,巩固和提高理论水平,并在实习中发现和解决自身存在的问题。充分发挥信息化实习管理平台的作用,在实习过程中注重对实习单位以及实习生的信息收集和反馈,实现课程质量的全过程导向和监控。浙江工商大学在酒店管理专业建设的前四年,就建立了四季酒店集团、希尔顿集团、阿曼酒店集团、瑰丽酒店、中国北方工业总公司易尚酒店管理公司等酒店实习网络,并与浙江旅游集团合作建立了省级"未来之星"酒店实习基地,保证了实践教学在高水平上运作。

二、国内产教研融合的探索

由于我国在改革开放之前实行的是计划经济体制,企业为了提高企业员工的技能水平,培养自己的工程师,纷纷开办自己的技术培训学校,因此许多技工学校都是由企业开办的,这种类似日本的产教研合作模式是我国20世纪90年代之前产教研合作的主流。改革开放后,市场经济出现,员工的流动性增强,企业精心培养的人才跳槽现象很普遍,无疑对企业造成了极大的损失,再加上企业学校投入的成本问题,企业办学的模式逐步瓦解,渐渐由企业办学转向政府办学的模式。政府尽管在履行职业教育学校、开设培训中心方面不遗余力,以满足学生的实践培训需求,但还是存在管理不善、效益低下等问题,很快就陷入了困境。为了寻找出路,德国"双元制"模式成为我们学习的对象。学校和企业联手合作,鼓励企业参与人才的培养,但由于投入资金问题,最终也以失败告终。

我国产教研合作的发展是一个曲折的过程,在失败和探索中不断成长,最终形成了以下几个具有典型特点的发展模式。

一是"订单"培养模式。用人单位以订单的形式和学校签订协议,由用人单位和学校共同选拔、培养优秀的学生。用人单位和学校紧密合作,积极参与到学校的教育教学、师资配备和课程改革等活动中,有计划地对学生进行教育培训。学校能够按照用人单位的需要培养人才,更好地满足用人单位对人力资源的需求。这是中职院校产学合作的主要形式。

"订单"式的人才培养方案有很多种,最典型的有类似英国的工学交替模式,即学生需要在学校和企业分别完成理论和实践课程,具体表现为学生在校内完成两年的理论学习后,用一年时间参与企业的工作,也就是"2+1"模式。在这种模式下,学生有一年的时间来适应毕业后的工作,企业也可以根据学生的表现选拔出需要的人才。

二是公司"冠名班"培养模式。换言之,企业通过为学校提供经费如设立学生奖学金或者为学生缴纳学费等形式履行学校的部分职能,可以参与到学校的运营过程中,形成校企合作人才培养模式。

"冠名班"培养方案也有几种形式。一种是定向扶贫班,即企业与学校合作,联合资助一些低收入家庭或贫困家庭的学生,并且根据既定的培养方案进行人才教育,毕业以后经过企业选拔参与到企业的工作中,为有困难的学生减轻经济上的压力和解决毕业后的工作问题。随着我国社会经济的发展,国家全面脱贫,这种模式也逐渐被代替了。另一种是三年制的冠名班模式,即学校与企业签订联合协议,企业参与到招生和学生的培养过程中,实现招生、教育、实习、就业的同步。学生毕业后,企业依据学生三年来的表现进行选拔,学生也可以根据三年来对企业的了解决定是否留在企业工作。还有一种形式则是学校按照已有的招生和培养计划对学生进行教育培训,等到学生快毕业的时候,企业到学校宣讲,有意向的学生可以参与企业的面试,企业根据自己的需要选择合适的人才录用。

三是"企业引入"模式。学校引入与专业相关的企业并签订协议,学校负责为校内实训基地的建设提供场地,做好前期铺垫工作,企业负责为学校提供可供学生实习的工作岗位并完善整个培训过程,从而实现产教研合作的模式。在这期间,企业也会通过各种形式参与到学生的培养过程中,如聘请经验丰富的工作人员为学生进行专业技能的教学,弥补学校内技能型教师不足的缺陷,促进学生理论知识水平和实践技能水平的平衡发展。在这种模式下,企业大大减少了在人力资源成本上的投入,学校一方面争取到了学生实习的机会,另一方面也为教师实践技能水平的提升做出了贡献,实现了校企的双赢。

四是"职教集团"培养模式。整合职业学校与企业的资源,实现了优势互补,是促进职业教育发展的新途径、新模式。这种模式系统地整合了教育资源,实现了校企的强强联合,有效地降低了教育成本。同时,在教育改革的过程中有了企业的参与,可以协调发展、互相取长补短,提升职业教育水平,增强职业教育服务经济能力,从而推动职业教育与企业人才发展走常态化整合之路。

五是"股份制"实训基地。这意味着把企业管理的董事会制度引入学校的实训基地中,建立以董事会为首的现代企业管理制度。董事会和监事会由股东大会选举产生,校长负责全面的工作并对董事会负责,受监事会监督。通过实训基地股份制的实行,实现校企的深度合作。

六是"三方产学"合作模式。所谓"三方",是指学校、教育机构和企业。教育机构既具备企业的性质,又履行教育的职能,通常与学校和企业有着直接的联系,因此在三方合作中充当校企合作的纽带。教育机构以学校的教学为媒介来实施企业的认证课程。学生在获取毕业资格的同时,可以参加企业认证考核。三方分工明确,协调合作。学校负责学生理论知识的教育和日常管理,企业则为学生提供实习的环境和岗位,而教育机构则负责认证课程的培训和考核,学生经过认证考试并得到企业的认可后即可参与到企业的具体工作中。这也是我国目前大多数高校所采用的产教研合作方式。

以上是我国目前产教研合作的几种主要模式。随着社会经济的发展,产教研合作的模式也在不断地创新,人才培养的道路会越走越宽。

案例 2-1　福建师范大学旅游学院产教研融合模式[①]

福建师范大学(下文简称"福师大")旅游管理专业硕士(Master of Tourism Administration,MTA)(下文简称"福师大旅游学院 MTA 教育")学位点于 2010 年 4 月申报成功,是国家首批 57 个旅游管理专业学位硕士授权点之一。福师大旅游学院 MTA 教育的办学理念坚持以社会需求为导向,以服务海西为己任,培养具有开阔的国际视野、扎实的专业基础、深厚的人文精神、强烈的社会责任感和创新意识的旅游管理高级专业人才。旅游管理所依托的工商管

[①]　本书中所有案例均来自笔者指导的项目或学生作业。

理学科是省级重点学科,现代服务业是企业管理学科的主要发展方向。围绕福建旅游产业发展需要,MTA教育设置了旅游企业管理、旅游规划开发与管理、海峡旅游合作发展、旅游文化与教育产业管理等专业培养方向。

1. 当前旅游管理专业硕士(MTA)培养的现状

目前学院的课程设置有"旅游调查研究方法与实践""旅游文化研究的跨学科理论与方法""管理学理论与方法""产业布局理论与方法""旅游管理研究前沿""人力资源管理""战略管理""研究生学术论文写作"等,有定性方法和定量方法的学习,也有理论前沿和多种实践方法、职业技能等的培养,还有专门针对学术规范和论文写作、专业外语的学习。在具体的教学过程中,案例教学是旅游管理教育与旅游产业"对话"的重要途径。虽然导师在课程教学中结合相关的案例进行教学,但是缺乏关于专业案例库的学习,如学生学习案例、在实践中应用案例、撰写案例等,因此在今后的研究生教学中要提高案例学习的比重。对于案例教学,学院目前的教学形式主要以教师上课讲解、传授知识为主,虽然前几年也有旅游管理硕士的外出素质拓展和学习营,以及专业实习等,但近几年因人数规模和学科发展压力等,减少了专业实习活动的组织,通过建立"以问题为导向(PBL)"的学习方式,从产业中的现实问题凝练出旅游研究的科学问题,透过多学科交叉融合的方式提出较为完善的解决方案,创新MTA"产教研"深度融合人才培养模式。通过加强与景区、度假区、酒店企业、乡村旅游点的交流,广泛建立实习基地和实践教学基地,建立"基地观察—产业诊断—研究问题—解决对策—反馈基地—效果评价"的系统"产教研"深度教学模式,以满足高速发展的旅游业对高端人才的紧迫需求,更好地提高学院硕士生培养水平和学生的就业能力,通过积累和开发高质量案例,形成课堂教学和实践教学的有效互补。MTA培养中存在的主要问题总结为以下几点:第一,教师在教学过程中重理论轻实践;第二,教学内容中案例库的数量不多,且结合地域特色的开发和讲解也比较少;第三,学生外出实践不成规模,比较分散;第四,为在职学生继续教育提供的系统性就业指导和就业提升训练也较为缺乏;第五,实习基地研究生层面的建设滞后且缺少必要的维护,尤其是较高质量的平台不足。

2. 旅游管理专业硕士(MTA)培养改革路径

(1)建立"基地观察—产业诊断—研究问题—解决对策—反馈基地—效果评估"的系统产教研深度教学模式,选取典型基地开展深度教学改革

①教学改革方案设计

在保障公共课时的基础上,将专业课学时按照深度"产教研"模式进行调整,分为"基地观察""产业诊断""研究问题""解决对策""反馈基地"和"效果评价"六个环节。授课老师根据自己专长,重点指导某个环节,所有老师全程参与观察、讨论与评价。

②基地观察与产业诊断环节

以晋江市、古田县、永泰县、武夷山景区、明溪县等作为全域旅游发展案例教学点,以沿海和内地 5A 景区、度假区作为景区经营管理案例教学点,师生共同学习,发现企业和产业问题。

③研究问题和解决对策环节

在学校,通过查阅资料和文献,以及头脑风暴的方式,师生共同讨论,提出研究的问题,并制订解决问题的思路和对策,然后通过文献研究、专家访谈、数据统计、模型构建,提出解决问题的方案。

④反馈基地和效果评价环节

邀请产业、学界和研究专才,通过召开学术沙龙、研讨会、座谈会的形式,对问题进行反馈,吸取建议,做进一步修改和完善,并付诸基地实践检验和评价。

(2)实行课程教学方式改革

开展基于"以问题为导向(PBL)"的学习方式的 MTA 教学模式,通过教学改革实现灵活的弹性授课制度,进一步将课程进行案例教学和实践教学的模块化精细化设计,加强网络课程(如慕课)的使用,扩展导师和学生、企业和学校等的沟通平台。

(3)做好案例教学

使用好全国旅游管理硕士(MTA)教育指导委员会等案例库资源,进一步推进企业家来访授课和到户外实践教学的开展,同时加强教学成果推广,形成教学品牌资源。

3. 培养模式创新的主要举措

(1)组织学生开展社会实践

"社会实践是落实高校立德树人根本任务的重要载体。从办学实践来看，实践育人已经成为高校人才培养体系的重要组成部分，以实现学生思想发展引领、国情社情教育、专业能力发展、综合素质提升、团队意识培养等为目标，其中思想发展引领居于核心地位。"在社会实践中，要注重同辈群体之间的讨论交流，同时加强教师的全程参与。通过充分结合专业特色，发挥学院学科优势，2018年暑期以问题为导向开展了两场旅游管理专业研究生社会实践活动。7月5日—8日，赴武夷山开展了主题为"访山问水情牵武夷，一带一路茶香天下"的暑期社会实践活动。该活动旨在通过实地调研，了解武夷山茶文化、民宿等发展现状，为当地旅游业发展、美丽乡村建设建言献策，同时通过理论与实际相结合，提升自身专业理论和实践水平。8月16—19日，深入三明市多个县乡，围绕"践行新思想、履行新使命、拥抱新三明"的主题，了解三明地区旅游发展的历史、资源现状、未来规划，结合旅游专业理论和实地调查走访，探索在"互联网＋"背景下打造特色旅游产品体系、提升旅游品牌影响力的有效途径。

(2)进一步提升教师教学成效

通过推动任课教师参加MTA教育指导委员会组织的案例研究论坛和案例教学研讨培训，掌握案例教学的新理论、新思路和新方法；鼓励MTA教师在案例教学上投入更多的精力和时间，认可MTA教师在案例教学上的研究成果；对案例研究开发和案例教学工作予以更多的立项，开展全案例课程教学立项工作，组织MTA教育中心教师案例比赛和学生案例分析大赛，强化案例教学在MTA教育中的作用；推进视频案例开发与教学工作；给予经费支持实践教学和企业实践，并围绕闽台自贸区和"一带一路"建设，闽台区域旅游业发展和海上丝绸之路发展进行专业特色化的案例开发和实践教学结合教学培养模式创新。继续贯彻实施专业硕士的"双导师"制，聘请业界精英担任合作导师，加强高校之间的联合培养，扩大专业硕士的研究视野。

(3)加强产教研联合基地建设

旅游管理学科的强社会性和强实践性决定了在硕士研究生的培育过程中

理论与实践必须紧密结合,学以致用,用理论指导实践,将实践作用于理论,最终实现学生理论知识和技术能力的协同发展。在这个过程中,极其重要的一点是要有一个稳定长久的实训基地。通过建立校企合作办学体系,积极与知名旅游企业合作,建立实训基地,加强与旅游企业在旅游管理人才培养和学生专业实践方面的合作;打造真实的实践场景,加强学生基础理论的应用,既可以提高硕士生的实践能力,探索旅游人才培养新途径,又可以满足企业培养和人才储备需求。学院与校外多家实践基地开展了深度合作,MTA 学生可以在这些基地结合所学课程进行实践教学活动。另外,学院在制度建设、质量保障体系、教学管理、教学支持等方面已有系列的措施。学院教师横向课题多,学生实践机会多。案例教学资源丰富,立足于服务福建旅游业和职业教育实际,符合专业学位硕士培养的实践要求。借助学院举办培训班、学术研讨会等可以获得较好的案例教学实践。

三、小　结

经过对国外众多产教研合作模式的分析和探讨可以发现,这些模式的共同点都是校企合作、整合资源为培养人才和科研创新提供了一个新平台,关键在于体验式教育,通过打造真实化的工作场景,为学生提供理论实践的场所,提高学生的实践能力和工作素质。因此,我国在产教研合作发展的过程中,要强调学生实践能力的培养以及体验式的教育方式。

学生创新能力的培养至关重要。产教研合作的一项重要任务是培养人才发现问题、分析问题、解决问题的能力。通过挖掘学生潜力、激发学生创造力、提升学生创新能力,为产业的发展注入源源不断的动力,从而推动产业社会的蓬勃发展。

产教研合作模式成功运营的关键是参与主体取长补短、优势互补,充分发挥各方的优势,实现资源的有机整合和利用。具体有三种方式:一是企业要运用产教研合作模式,打造实训基地、科技园等人才发展基地,为高校人才培养提供便捷平台。二是高校利用科研优势与社会知名企业合作,充分利用企业的资本优势,实现校企深度合作,促进学术发展和绩效创新。三是利用一流的科研水平和科研能力与企业合作,提供人才咨询服务,培养产教研合作人才。

　　市场的自发性强调要注重发挥政府的调节作用。国内外种种产教研合作发展案例表明,政府参与产教研合作的各个环节中是极其必要的。政府可以通过出台有利于产教研合作发展的政策为其扫清阻碍,为产教研提供法律上的保护和经费上的支持,提高产教研参与主体的积极性,从而推动企业和社会的发展。因此,在产教研的合作过程中,还应当应积极寻求政府的支持和帮助。

第三章　研究现状及理论基础

一、理论基础

（一）教育学理论

1. 教育与实际生产相结合理论

教育是人类文明延续和传播的重要途径,也是推动人类社会前进的一大助力。人类社会的发展与教育的发展相辅相成,密不可分。教育是人类文明发展的助推器,人类社会的发展反作用于教育,推动教育的变革与进步。教育具有服务性,教育的根本目的是教化人类,提高人的整体素质;教育质量是不同时期经济和社会的发展水平在教育上的反映。教育的变革与发展能推动科学技术的不断进步,从而推动社会的发展,而产教研合作是使教育更好地服务社会的一种有效途径。

在传统的教学模式中,理论和实践的矛盾始终存在,而教育和实际生产工作的结合巧妙地化解了这一问题,造就了学习与实践一致、观点一致、训练有素的人才。从多角度来看,理论与实践的有机结合,实现了人才培养、科学研究、生产过程的协同发展。《改革发展三年行动计划(2010—2020 年)》明确表示,支持高等学校全面建设科研生产发展基地。产教研合作实践具有重要的历史意义和发展脉络,通过产教研合作,支持高等教育发展,培养社会经济发展需要的人才,提高学生的技能水平和社会责任感,推动生产力水平的迅速提高。

2. 教育内外部关系规律理论

教育存在两条基本规律:一是教育外部关系的基本规律,它主要是指教育系统与整体社会系统以及其他子系统之间相互联系的规律,这种联系出自教育系统和政治、经济、文化系统之间的相互关系,简称教育外部规律;二是教育内在关系的基本规律,是指一个系统内的教育与系统内的各个要素或子系统之间的关系规律,称为教育的基本内在规律。它有助于一定时期内社会的政治、经济和文化发展,是社会、政治、经济、文化有机结合而形成的一种特殊的社会关系。其中,教育的内在关系是基本内容。教育的内在关系是以培养适应社会需要的人、培养创新型人才为目标,既包括依法管理教育的内在关系,也包括依法组织社会生产和技术创新的内在关系。产教研合作的内部关系体现了学校与其他系统的内在联系,侧重于相互关系的结合。产教研合作的外部关系是指在教育、生产和科研有机结合的过程中产生的与社会的本质联系,主要表现为产教研结合要受到时代社会政策、经济发展水平和社会文化的制约。产教研合作的外部关系主要表现为:与政府的行为联系,与国家法律政策的制度联系,与市场经济的联系。因此,产教研合作发展不能独立于教育的内外规律之外,也受到教育内外关系规律的限制。

(二)经济学理论

1. 资源整合理论

资源整合是指选择、管理和整合不同类型的金融和非金融资源,以创造新的价值。随着信息化时代的发展,高校的发展不断与外部环境相结合,多元化的合作交流促进了高校的发展。产教研合作是高校与社会交流合作的重要途径。通过系统地整合高校与社会的资源,充分发挥合作参与方各自的优势,扬长避短、优势互补,与外部环境相互依存,实现共赢的目标。资源整合论认为,任何组织包括企业和大学,都可以被视为一组资源的集合。因此,资源整合理论可以合理解释高校与企业战略合作的形成和运行过程,战略合作以资源为基础,资源整合是战略合作的核心。

受自身性质、目标等因素的影响,企业和大学在资源整合的过程中往往无法达成有效共识,因此政府的介入就显得极为重要。政府可以利用产教研合作平台,充当校企合作的桥梁,推动学校与企业之间的交流和利益互换,促进校企双方资源的有机整合。因此,资源整合理论可以作为分析企业和学校需求以及政府制定产教研合作相关政策的逻辑依据。

2. 资源依赖理论

资源依赖理论,在社会学中常常用来研究资源获取对组织行为的影响。资源依赖理论基于这样一个原则,即一个组织的原则。例如,一个商业公司为了获取资源,必须与其环境中的其他参与者和组织进行交易。尽管这样的事务可能是有利的,但它们也可能会产生并非如此的依赖关系。组织需要的资源可能是稀缺的,并不总是容易获得的,或者处于不合作的参与者的控制之下。由此产生的不平等交换产生了权力、权威,并获取更多资源的差异。为了避免这种依赖,组织制订战略,旨在提高其在资源相关交易中的议价地位。这些策略包括采取政治行动、增加组织的生产规模、多样化产品,以及发展与其他组织的联系。多样化产品等策略可能会减少公司对其他业务的依赖,并提高其实力和杠杆率。使用资源依赖理论的研究试图观察组织对依赖的适应情况。一种适应包括使内部组织要素与环境压力保持一致。企业还通过尝试改变其环境来适应。这些策略与将公司视为封闭系统的经典组织概念形成鲜明对比。封闭系统框架认为,资源的合理使用、个人动机和个人能力决定了组织的成功,而环境中其他参与者的影响最小。而开放系统框架强调环境的影响,环境由其他公司、机构、专业和国家组成。根据开放系统的观点,一个企业将有效地认识到其环境的变化并调整自己以适应这些突发情况。

(三)管理学理论

1. 战略联盟理论

战略联盟是用于定义非常广泛的、相对持久的公司间合作安排的术语。常见战略联盟的例子有合资企业、产品和技术许可、外包协议、联合营销和联合研发。这些可以是不同的公司实体,涉及合作伙伴之间的共享股权,也可以是更宽松的基于合同的协议。这里的股权是指合资企业各方之间对资产的共同所有权,或一家公司对另一家公司的部分所有权。战略联盟这个概念最早是由霍普兰德和罗杰提出的,它指的是两家公司通过协议或者签订合同的形式共享利益和风险以达到期望目标而进行的商业合作。生产研发创新联盟是战略联盟在产教研合作中的重要形式之一,它是以企业为核心,由多方产教研合作参与主体共同构成,以共同的目标为纽带所建立起来的组织。通过整合各方资源,发挥参与主体各自的优势,缩减个体经营所需要的成本,共同承担经营过程的风险,最终实现利益的最大化。

2. 三重螺旋理论

产教融合是指产业创业和教育单位两大创新主体各负其责、相互合作、相互支持,完成共赢发展、共同承担的使命。其理论基础来源于美国的亨利·埃茨科维茨和荷兰的洛伊特·莱德斯多夫于 1995 年提出的创新研究的三重螺旋理论(Triple Helix Theory,THT),涉及大学、政府和产业之间的相互作用。该理论提供了一个概念和制度安排,旨在描述和促进创新过程。该理论突出了大学在从商业向知识型社会过渡中的重要作用并已被越来越多的政府和国家采用。高校与工业企业的整合工作不仅对提高大学科学家、开发人员、教育家、研究生的专业水平具有重要意义,而且对提升准备好在实体经济部门的高科技组织中高效工作的高校毕业专业人才的质量具有重要意义。大学不仅专注于传统的教学和研究活动,还专注于商业。该理论提出了大学在教育过程中满足社会需求的解决方案。同时,工业部门与大学合作,以提高其创新能力,并将其纳入塑造未来工程师的过程中。此外,行业帮助大学设计人才培养模式和课程,以培养毕业生的实践技能。政府机构负责通过适当的政策和法规强化大学与产业的关系。三重螺旋理论分析了大学、政府和行业在培养创新人才和企业家方面的关系和责任。因此,我国在双创发展意见中强调高校要深化产教融合,引进企业开展生产实践,加强创新创业教育。同时,创新企业通过聚合创新机构、企业和高校,在科技创新中发挥引领作用。

(四)合作创新理论

20 世纪 80 年代,由于科学技术的迅速发展和产品需求的多元化发展,企业创新能力面临着新的挑战,合作创新理论逐渐被众人关注。国外学者认为,所谓合作创新就是研发合作,即通过协同分工而进行的创新活动,只要有任意主体参与到创新的过程中就是合作创新。而国内学者则认为,合作创新是学校、企业和其他机构之间分工协作、资源共享的创新活动。从狭义的角度看,合作创新的主要内容就是进行技术活动的开发。从广义的角度看,合作创新包括技术活动的开发、产业化发展技术传播的一个动态过程,如研究开发合同、研究开发联盟以及研究开发合资企业等几种组织形式。

二、场景化学习

(一)场景化学习的内涵

随着互联网科技的迅速发展,"场景"这一名词逐渐引起了传播学、社会学、市场影响等各个领域专家学者的关注,场景的内涵和要素也随之不断发展扩大。彭兰教授把场景定义为同时涵盖空间和基于行为与心理的环境氛围。

基于场景的学习使用交互式场景来支持主动学习策略,例如基于问题或基于案例的学习。它通常涉及学生通过故事情节进行工作,或基于结构不良或复杂的问题,学生需要解决这些问题。在此过程中,学生必须在安全、真实的环境中应用他们的学科知识、批判性思维和解决问题的能力。场景化学习通常是非线性的,并且可以根据学生在每个阶段做出的决定为他们提供大量反馈机会。基于情景的学习可能是自包含的,因为完成情景是整个任务,或者它可能是大型作业的第一部分,要求学生完成场景任务,然后提供书面或口头反思和对该过程的自我评估。场景化学习基于情境学习理论的原则。该理论认为,学习最好发生在将要使用它的情境中。情境认知是指在情景化的场景下获得知识并对知识有充分的掌握和理解。场景化学习可以在广泛的环境中使用,但它在用于模拟现实世界的实践时尤其有效,为学生提供了在课程范围内可能难以体验的机会。场景化学习可用作形成性或总结性评估的一部分。场景化学习通常在完成复杂情况下需要决策和批判性思维的任务时效果最佳。对学生来说,例行公事的任务几乎不需要批判性思维或决策,相反可以使用其他方法进行更好的评估。

人的需求和体验在场景内涵的变化和发展中越来越得到重视。经济和科技的发展使得世界成为一个紧密联系的整体,科技的进步对教学的发展做出了巨大的贡献,场景化学习也逐渐成为教育领域的新的教学模式。与情景学习不同,场景化学习更加强调主体也就是人的主观体验。在满足人的需求的基础上,利用科学技术等手段实现人与社会之间的联系。现实世界与网络虚拟世界的融合发展,不断创造出新的场景,学习方式也不断随之发生变化,场景化学习为信息时代下的教学提供了新的发展思路,使用场景化学习模式已经逐渐成为人们的共识。

(二)场景化学习的理论基础

1.体验式学习理论

体验式学习是边做边学的过程。学生通过参与实践经验和反思,能够更好地将课堂上学到的理论和知识与现实世界的情况联系起来。边做边学,是体验式学习理论的基础。体验式学习侧重于这样一种观点,即学习事物的最佳方式是通过实际体验。实际体验的经历会在人们的脑海中浮现,并帮助人们保留信息并记住事实。对于教师来说,关键是为学生创造机会,让他们根据他们所学的东西获得经验。教师帮助创建让学生可以同时学习和体验的环境。

David Kolb 最出名的是他在体验式学习理论方面的工作。他在 1984 年发表了这个模型,受到了约翰·杜威、库尔特·勒温和让·皮亚杰等其他伟大理论家的影响。体验式学习理论分为四个阶段:具体学习、反思性观察、抽象概念化和主动实验。循环的前两个阶段涉及掌握体验,后两个阶段侧重于转变体验。他认为,有效学习被视为学习者经历了循环,他们可以随时进入循环。具体学习是学习者获得新体验,或以新的方式解释过去的体验。接下来是反思性观察,学习者个人反思他们的经历。他们使用自己的经验和理解的镜头来反思这种经验的意义。抽象概念化发生在学习者形成新想法或根据经验和对经验的反思来调整他们思维的时候。积极的实验是学习者将新想法应用到他们周围的世界中,看看是否有需要修改的。这个过程可以在很短的时间内发生,也可以在很长一段时间内发生。Kolb 继续解释说,对于如何进入体验式学习周期,学习者会有自己的偏好,这些偏好归结为一个学习周期。

体验式学习周期的基础是每个人都有特定类型的学习倾向,因此它们在体验式学习的某些阶段占主导地位。例如,一些学习者在具体学习和反思性观察中会更占优势,而另一些学习者会在抽象概念化和主动实验中占主导地位。四种学习方式分别如下:①分歧。以独特视角看待事物的学习者富有发散的学习风格。他们想看而不想做,也有很强的想象能力。这些学习者通常更喜欢在小组中工作,对文化和人有广泛的兴趣。他们通常注重具体的学习和反思性的观察,想在潜入之前观察和了解情况。②同化。这种学习方式涉及学习者获得清晰的信息。这些学习者比人们更喜欢概念和摘要,并使用分析模型进行探索。这些学习者专注于体验式学习方式中的抽象概念化和反思性观察。③收敛。引导学习者解决问题,让他们将学到的知识应用于实际问题,愿意尝试技术性任务。他们也以尝试新想法而闻名,他们的学习侧重于抽象概念化和积极的实验。④包容。这些学习者更喜欢实用性。他们喜欢新的挑战,并使用直觉来帮助解决问题。这些学习者在学习时会利用具体的学习和积极的实验。

每天都有很多方法可以使用体验式学习。比如,去动物园是通过观察来了解动物,而不是在书本上认识它们。种植一个花园来了解光合作用,而不是看关于它的电影。尝试学习骑车,而不是听父母解释自行车这个概念。

体验式学习机会以各种课程和非课程形式存在,包括社区服务、服务学习、本科生研究、出国/出国留学,以及实习、学生教学和定点项目等终极体验。体验式学习对教师和学生有以下好处:①应用知识的机会。体验式学习可以让学生立即将他们正在学习的东西应用到现实世界的经验中。这有助于他们更好地保留信息。②促进团队合作。体验式学习通常涉及团队合作,因此在这种环境中学习可以让学生练习团队合作。③增强动力。学生对在体验式环境中学习感到更有动力和兴奋。实验对学生来说是令人兴奋和有趣的,会使他们对学习充满热情。④提供反思的机会。使用体验模型的学生会花时间反思他们正在经历和学习的内容。这很有价值,因为当他们思考发生在他们身上的事情时,他们能够更好地保留信息。⑤现实世界的实践。学生可以从他们为现实世界做准备的学习中受益匪浅。体验式学习专注于使用真实情况来帮助学生学习,以便让他们为未来做好准备。

2. 行动者网络理论

行动者网络理论最早是由法国学者 Latour、Callon 和 Law 在巴黎国立高等矿业学院的社会学中心期刊发表的一篇文章里提出的。这是一种社会理论和方法论,其中社会和自然世界中的一切都存在于不断变化的关系网络中。它假定在这些关系之外不存在任何东西。一个社会情境中涉及的所有因素都处于同一水平,因此除了网络参与者目前互动的方式之外,没有外部社会力量。因此,物体、想法、过程和任何其他相关因素在创造社会情境中被视为与人类一样重要。行动者网络理论的主要特点是关注无生命实体及其对社会进程的影响。因此,行动者被定义为"行动的来源,无论其是人类还是非人类"。这是一个相当激进的概念,因为它认为无生命的事物(例如技术)也可以具有代理权。行动者网络理论有自己的认识论和本体论立场,本质上认为世界是由网络组成的。这些网络可以包括人、事物、想法、概念——所有这些在网络中都被称为"参与者"。参与者之间的关联或关系是行动者网络理论中的一项关键活动。行动者网络理论认为,非社会现象的总和可以解释作为构成网络的人类和非人类行为者群的结果的社会性事物。因此,行动者网络理论方法与许多社会学家之间存在分歧的辩论是不可知的,因为它既不断言一切都是社会建构的(社会建构主义),又不认为一切都是预先存在的(现实主义)。自1980年提出概念以来,Latour、Callon和Law一直是该领域最具影响力的思想家。因此,它们经常成为被激烈批评的对象,尤其是与行动者网络理论激进的本体论假设有关。具有挑战性的批评和知识交流导致了行动者网络理论制订方式的一些演变,但它本质上仍然是一种由网络组成的世界观,在这些网络中,对象可以在塑造社会关系方面发挥重要作用。

在互联网快速发展的时代背景下,场景化学习需要更加关注学习者行为,同时也要关注行动者网络理论中非人类参与者的行为,并且要意识到两者是相互依存、相互影响的。这种认识会帮助我们更好地了解和分析场景化学习。通过对行动者网络理论的介绍我们可以得知,共同的目标或相同的问题是形成学习共同体的关键,可以激励和约束学习者的学习行为。需要注意的是,这是在建立稳定的行动者网络的同时提高场景化学习能力的关键。

3. 情境认知学习理论

情境认知理论由布朗、柯林斯和杜吉德在1989年提出,其中心思想是认知与实际行动密不可分,并强调了在情境中学习的重要性。情境认知理论基于与人类学、社会学和认知科学领域相关的原则。它的主要论点是,学习者获得的所有知识都以某种方式存在于以社会、身体或文化为基础的活动中。情境认知理论的主要观点是知识的获取不能脱离知识的收集环境。因此,学习者必须掌握所教授的概念和技能,这些概念和技能最终将在其中被使用。鼓励试图在课堂上应用这一理论的教师创造一个完全沉浸式的环境。在这种环境中,学生能够学习以后会用到的技能,以及在他们所处的环境中教授的新思想和行为。情境认知理论强调了认知学徒向专家学习。许多理论家都认为,学习发生在情境背景下。学生通过观察他人和实践自己获得知识,从而成为社区内的"认知学徒"。

Lave 和 Wenger 在他们的论文《情境学习：合法的外围参与》中讨论了学徒如何成为社区的可靠成员。学徒通过与该领域专家的互动获得知识，情境学习让学生有机会参与现实生活中解决问题的环境。

　　情境认知与传统学习有很大不同。首先，传统课程使用抽象的经验如教科书和讲座来传授思想。而情境学习发生在体验的背景下。其次，传统课程只关注学生和教师之间的关系。而情境学习非常强调与他人的关系和互动，以建立理解。此外，学生通过与他们先前的知识建立联系来学习。最后，情境学习有助于发挥个人在社区中的作用。随着学生在某个领域获得更多的知识，他们能够与他人合作并在社区中发挥更突出的作用。他们能够依次分享自己的理解，然后循环再次开始。情境学习也严重依赖协作活动。学生一起工作，并与其他小组成员讨论他们的想法。每个人都会将独特的先验知识带到情境中，并被鼓励挑战他人的思维。所有技能和活动都将与工作场所、家庭或社区中的实际情况直接相关。

4. 连通主义学习理论

　　连通主义是一种相对较新的学习理论，它建议学生应该以有用的方式将思想、理论和一般信息结合起来。它承认技术是学习过程的重要组成部分，我们不断的联系让我们有机会对我们的学习做出选择。它还促进小组协作和讨论，在决策、解决问题和理解信息时允许有不同的观点。连通主义促进发生在个人之外的学习，例如通过社交媒体、在线网络或信息数据库。连通主义是理解数字时代学习的理论框架。它强调网络浏览器、搜索引擎、维基、在线论坛和社交网络等互联网技术如何为新的学习途径做出贡献。技术使人们能够通过万维网以及彼此之间以在数字时代之前不可能的方式学习和共享信息。学习不仅发生在个人内部，而且发生在网络内部和网络之间。连通主义将知识视为网络，将学习视为模式识别的过程。

　　根据连通主义，学习不仅仅是我们自己对知识的内在建构。相反，我们在外部网络中可以达到的东西也被认为是学习。根据该理论，节点和链接这两个术语通常用于描述我们如何在网络中获取和连接信息。在连通主义中，学生被视为网络中的"节点"。节点是指可以连接到另一个对象的任何对象，例如一本书、一张网页、一个人等。连通主义是我们在各种信息节点之间建立连接或链接时学习的理论，我们继续建立和保持联系以形成知识。连通主义学习理论认为,新的学习责任从教师转移到了学习者身上。与传统的教学方法和建构主义或认知主义等理论不同,连通主义认为教育者的工作是引导学生成为他们自身学习和个人发展的有效代理人。换句话说,由学习者创造自己的学习体验、参与决策并增强他们的学习网络。连通主义严重依赖技术,因此创建连通主义课堂的第一步是为数字学习引入更多机会,如在线课程、网络研讨会、社交网络等。

三、未来发展:场景化—场景化学习—微场景

(一)场景化

场景化是技术和材料舞台工艺的结合,用于表现、制订和产生表演中的场所感。在包含场景设计和布景设计技术的同时,场景设计是一种研究和实践表演设计各个方面的整体方法。场景化一词最初用于艺术领域,但随着现代社会经济科学技术的不断发展和移动互联网技术的应用,场景化逐渐被应用于商业、学术等领域,场景化学习也就应运而生了。

(二)场景化学习

让所有学生都能使用和保留所学知识的最佳教学方式是什么? 教师如何与想知道所学内容相关性的学生进行有效沟通? 这些都是教师每天要面临的挑战。基于情境学习的课程和教学方法可以帮助他们成功应对这些挑战。

许多学生很难理解通常教授的学术概念(如数学概念),但他们迫切需要理解与工作场所和更大范围相关的概念——他们将生活和工作的社会。传统上,学生被期望在课堂外自行建立这些联系。然而,今天越来越多的教师发现,当大多数学生在新知识和旧经验之间建立联系时,或者与他们已经掌握的其他知识之间建立联系时,他们在数学、科学和语言方面的兴趣和成就会显著提高。当学生被告知为什么要学习这些概念及如何在课堂外使用这些概念时,他们的参与度会显著提高。

场景化学习是一个经过验证的概念,它融合了认知科学的最新研究。这也是对几十年来主导美国教育的行为主义理论的反映。情境方法认识到学习是一

个复杂且多方面的过程,远远超出了以训练为导向的刺激和响应方法。

根据场景化学习理论,只有当学生处理新的信息或知识时,学习才会发生在他们自己的参考框架(记忆、经验和反应的内心世界)中,才会对他们有意义。大脑通过寻找有意义且看起来有用的关系,在上下文中寻找意义。

基于这种理解,无论是教室、实验室、计算机实验室还是工作场所,场景化学习理论都侧重于任何学习环境的多个方面。它鼓励教育工作者选择和/或设计包含许多不同形式的经验的学习环境,以实现预期的学习成果。在这样的环境中,学生在现实世界的背景下发现抽象思想和实际应用之间的有意义的关系,将概念通过发现、强化和关联的过程内化。

一般说来,可以通过以下几个途径进行场景化学习。

(1)促进学习活动,让学生思考知识的潜在和现实应用。探索和使用情境化方法,例如基于项目的学习、基于案例的学习和工作整合学习。这些情境化元素如何更广泛地适应学位课程和大学以外的环境?他们如何将课程内容知识转移到他们的预期职业或其他职业道路中?

(2)将现实世界和工作场所的问题整合到学习活动和评估中,作为教授内容的一种方式。比如:所在学科的专业人士每天面临的任务和挑战是什么?这些工作场所场景如何被模仿、复制、改编或整合到学习活动或评估中?专业中使用了哪些技术、工具、方法和分析?如何使用这些内容来教授?连接到工作场所和现实世界将帮助学生了解知识是如何在他们的学科中组织和应用的。

(3)向学生宣传和推广与工作相结合的学习体验。作为课程的一部分或课外活动,他们可以参加工作实习课程、实习、志愿项目和研究项目,从事工作实习的学生被视为不断发展的专业人士而不是学生——这将为学习者带来更真实的体验。

(4)让学生参与相关行业。宣传和促进行业活动以及与行业的互动。这可能包括小组讨论、会议、行业人士的客座讲座、探索可能的职业道路的资源以及与校友的访谈。

(5)与行业利益相关者、更广泛的社区和校友保持关系。与他们协商以进行真实的学习活动和评估设计。利用他们的知识来保持课程与行业的方向和需求一致。利用这些关系为学生提供与行业互动的机会,例如工作实习机会和行业网络。

（三）微场景

2014年8月,微盟平台上线了一款移动媒体广告功能模块,即微场景。微场景是基于html5技术制作的网页,能够较好地兼容移动端的手机访问,目前在微信上应用比较广泛。对于营业者来说,通过将照片、影像、音乐、地图、GPS、产品链接等元素融入微场景之中,可以让用户体验和互动,同时可以通过生成二维码或者链接的形式方便用户转发,形成较好的宣传效应。

实际上未来的企业场景嵌入式教学,完全可以利用为场景技术,把相应企业的场景引进课堂,由学生进行研判、分析和提出解决方案,在网上接受教师和企业指导老师的指导,其未来发展前景非常广阔。

第四章 基于企业场景嵌入的创新课堂建设实践

一、介绍——起因

在现代化经济体系中,企业不再仅仅是产品和服务的提供者,更是技术创新和技能人才的重要需求者和孵化者。产教融合则是企业建立和发展人力资本、支持变革和创新的必由之路。企业希望学校为其输送高素质的人才,解决企业创新发展中的人才瓶颈。面对企业如此的内在需求,校企合作的形式可以帮助企业及时发现自身发展所需的人才,结合自身优势和资源共享与学校联合进行人才培养,这不仅提升了人才的培养质量,更满足了企业渴望培育市场创新主体、打造企业核心竞争力的内在需要,把"祈求人才"的企业共识发展为"投资于人"的直接行动,既顺应了学校教学改革的目标,又符合了企业自身发展的需要。

同时,面对已然成熟的市场,相较于企业以往固有模式的产品设计和宣传,企业更加需要新鲜血液的注入,培养学生在实践中站在企业及其战略发展的角度来解决企业的瓶颈并提出各种方案和策划,企望从年轻人敏捷的思维力、丰富的创造力和潜能中寻找适合企业产品和发展的灵感和思路,来帮助企业进一步提出一些新的概念、新的路径和新的想法。这种方式不仅可以让学生将学习到的理论知识用于解决企业的现实问题,并可直接得到市场的检验和反馈,使学生可以更为直观地体会到理论和实践结合的效果,而且也为企业的改革创新提供更多的产品研发支持,极大地强化了企业自主创新能力。

此外,对于传统的教学模式存在的问题,学校和教师们也急需突破和创新。企业场景嵌入的创新课堂建设,正是为广大教师提供一个机会去思考和面对传统教学中教案的过时和被动,如何为学生提供更为前沿的知识、更加贴合真实企业场景的理论教学和实践操作的指导。相较于传统课堂上学生的消极被动,缺乏解决问题的体验感和成功的喜悦情绪,以及较为单一的教学成果评价模式,企业场景嵌入的创新课堂建设更强调如何去调动学生参与实践操作的积极性,改善和创新课堂的教学模式,在企业真实场景介入的模式下打造一个实时的、具体的、实际的,以问题导向为主的,重视实践成果评价的创新课堂。通过学校与企业的合作提供的资源,培养出一批能够真正将理论和实践相结合、具有较强动手能力和专业前瞻性的人才,能够做到研究真问题、解决真问题。在这一培养模式下学习的学生,不仅是契合企业创新发展,被渴求的具有解决真实市场问题实践能力的专业人才,也能在案例演练中获得一手数据资料,为做好研究工作打下基础,拥有更清晰的思维和创造力,不是纸上谈兵,而是带着更大的积极性去创造更大的学术价值。

学习环境一直是高校教育重视的领域,学生对学习环境的认可会对学生的学习行为和学习效果产生影响。创造一个好的学习环境与教学情境能为学生带来不一样的学习体验和学习氛围。企业场景嵌入教学满足了旅游管理专业学生对实践平台的需求,跨越了时间、空间的界限,提供了一个真实的教学环境,使学生能在真实企业场景中找到自我学习的兴趣、需求及目标,同时对该专业也有了除理论外的深度了解,在满足自身体验后改善了对专业学习的态度,加大了学习投入度。旅游管理人才的缺失以及专业实践能力的薄弱与学生专业认同度低有着密不可分的联系,无法涉入真实情景产生专业感知是学生无法正确认识所学专业性质的重要原因之一。李利等[2]发现大学生对自身所学专业认同度只停留在中等水平,且出现对专业的认知度和喜好度的指标较低的现象。学习投入是学生对所学专业和知识的认知、情感和行为三层面的感知态度,能正向影响学生的学习成绩与成果以及决定对未来职业能力的高低[3]。

二、企业场景嵌入的创新课堂

(一)企业场景嵌入式课堂的提出

企业嵌入式课堂教学将浙江省人民政府办公厅发布的《关于深化产教融合的实施意见》中强调的"将劳动实践融入教育,建设产教融合师资队伍,产教共同育人"作为指导思想,培养具备专业精神、专业能力、优秀素养的人才来适应社会发展和企业需求。自2016年起,与杭州开元名都大酒店等企业先后合作搭建了企业嵌入式课堂,充分利用学校自专业建设以来的优秀资源,将真实的酒店经营项目作为载体,突破传统单一的讲授教学模式,以培养专业管理人才为目标,深度开发专业教学实践,实现了"双导师、双场所、全方位"的场景式教学。企业场景嵌入式的教育学习与传统的课堂教学或实习不同:学生的实践参与环节更加丰富,学习内容也更加生动,得到的指导更加全面,同时课程评价也更加科学,学生教育和培养的全阶段都有企业方的参与,使得学生与行业的紧密性更高。学生根据企业方提出的策划课题,在拥有丰富实操经验的酒店高层管理人员的指导下对指定课题拟定调研策划,就其中的相关问题进行小组讨论,在课题完成过程中紧密贴近企业实际问题,最终在实践中验证方案的可行性和效果。

企业场景嵌入式课程教学能够更灵活地将学生的理论知识学习与实际经验管理问题结合起来,实现酒店管理者的经验与学生专业知识、创新精神的碰撞,这得益于嵌入式课堂不受时间、空间限制的优势。学生可以在很好地掌握酒店经营管理理论知识的同时还能获得一手数据资料,为以后做好研究工作打下基础,养成参考实际的优良研究精神,充分发挥自身创造力和潜能。

Busby[4]认为,高等学校的旅游教育从根源上来讲是脱胎于职业教育而发展起来的,故其应当更注重职业性,以培养同时具备知识理论和技术技能的管理人才为目标。国外的众多研究提出,构建企业、学校、市场三方融合的教学生态是人才培养的优质模式,并将这种产教联合培养人才的方式称为"合作教育"(Co-operative Education)。笔者通过教学实践意识到采用"真案例·真实践·真市场"的产教融合模式能够实现外国学者提出的专业教学与企业实践深度融合的目标。企业场景嵌入课堂教学立足于学校的专业知识教学培养目的,不仅能满足酒店业对中高层管理岗位人才的职业素质培养的要求,还能让学生快速适应工作环境,并迅速成长为酒店行业的管理人才。

(二)企业场景嵌入式课堂的实践

企业场景嵌入式课堂的优势突出体现于"真案例·真实践·真市场"。

1.互动式"真案例"教学,增加理论内容和实践性感受

企业场景嵌入课程的"真案例"教学,是指通过引入真实的酒店企业经营管理案例,在课堂专业理论教学的基础上用切实的案例来激发学生们积极思考,使

得学科艰涩理论更好地被吸收。在教学过程中,可以通过案例揭示企业真实经营中存在的矛盾,向学生们提出问题,引导学生自主收集相关资料进行头脑风暴。

互动式"真案例"的教学模式(见图4-1)识别到企业案例和课堂教学的切入点,将酒店管理专业的各个知识点分解到案例问题探究解决中,以案例分析推动理论学习过程,并以学生的理解为主,使学生们在理解中可以与教师互动,进而实现理论教学的目标。在互动式"真案例"教学中,教师发挥了主持人和组织者的作用,在引导学生理解专业知识的同时,利用案例与学生进行积极的信息交换,将课堂"舞台"还给学生,组织学生进行案例的讨论和辨析,最终指导学生做好案例相关的知识要点整理,对案例进行全面解读。互动式"真案例"教学在企业嵌入式的课堂中发挥着知识的奠基作用,学科知识的学习不仅需要深度的积累也要有广泛的涉猎,理论与案例并行的教学方式可以让学生更好地认识到知识的社会效用。

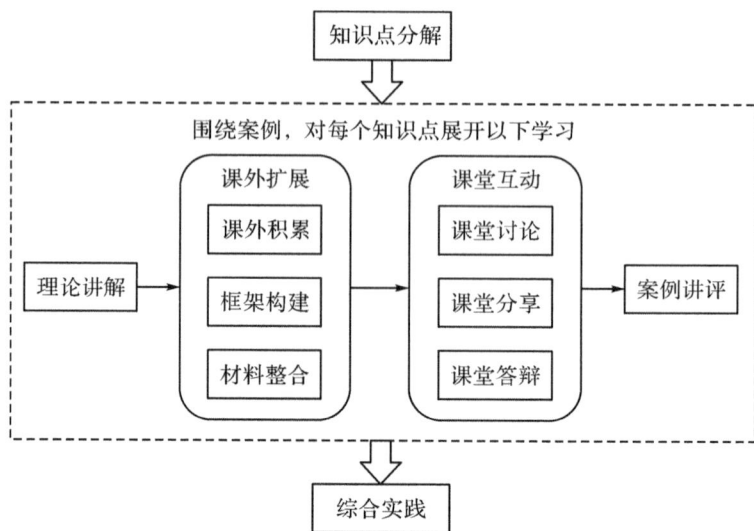

图4-1 互动式案例教学的课堂教学模式

2.场景式"真实践"应用,实现酒店管理平台可操作

企业场景嵌入式的"真实践"应用,是指学生结合真实案例的区位背景、市场趋势、企业特点等,真实地去策划酒店企业经营中的项目,通过实地考察和数据收集来解决问题,在教学过程中充分发挥创造力和团队执行力,将整个教学过程

纳入企业的场景中。

　　企业场景嵌入式的实践教学模式如图 4-2 所示。它区别于一般的实践课堂,而是将理论、教学、实践、执行完美地结合在一起。课堂会围绕着教学实践中的项目策划展开,学生不仅能得到学校专业课教师的指导,还能获得来自企业高管、旅游业相关专家的指点。这种模式既强调培养学生扎根现实的研究调查能力,又锻炼学生专业的方案策划、团队合作能力,还要求学生具备大气、自信的表现力。这种课堂模式的落地开展,让专业教育具有更强的师资力量、更专业的实践锻炼以及更高的发展挑战平台。

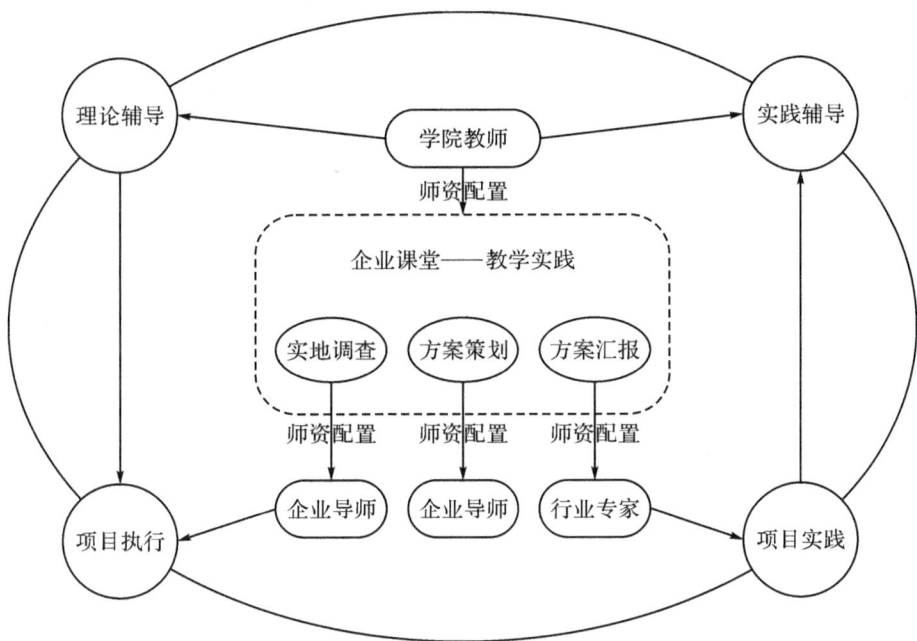

图 4-2　场景式实践教学的课堂教学模式

3. 教学成果"真市场",课程考核接受市场的检验

　　企业场景嵌入式的课堂教学的"真市场",让学生策划的方案得到市场的检验。学生的真实能力将在这一过程得到充分体现,其思维方式能于市场的反馈中与市场更加贴合。同时,学生的每一个方案都能得到企业高层的专业点评,接受来自市场竞争的考验。但在这个课程平台中,每个学生除了甄别和选拔,更多的是获得发展和激励。

　　企业嵌入式课程评价模式(见图4-3),实现了多方位的考核评判,来自市场、企业的考核要求学生更加注重知识的实际运用和社会效用,而原有教师方的理论考核也得到了保留,将三方考核的比例合理协调,可以让各类特质的学生有发挥个性的余地。最终,教学成果的市场投放,让学生的策划得到市场检验的同时也能让其成果惠及社会。

教学成果市场投放

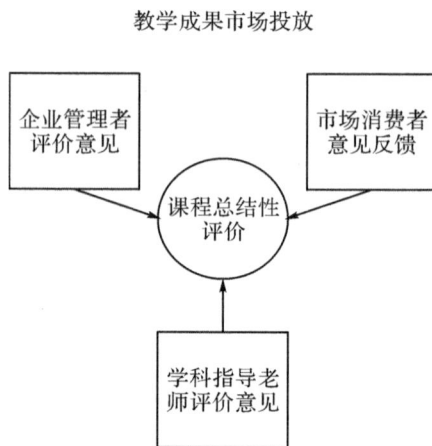

图 4-3　教学成果评价反馈机制

三、做法一流程及要点

(一)达成协议,共同培养

　　为了学校在传统教学模式下能有更好的突破和创新课堂的建设,也为了更好地为酒店培养和储备优秀管理人才,本着资源共享、互利互惠、责任同担、协同发展的基本原则,学校和企业双方经友好协商,建立"产、学、研"合作关系,通过校企合作项目来培养学生,达成深度合作,一同建设企业场景嵌入式的创新课堂。这种学习培养模式,让学生对旅游及酒店行业有更多的了解,学会深入地研究旅游及酒店方面的课题。协议如下:

浙江工商大学校企合作培养协议书

甲方：浙江工商大学（以下简称甲方）

乙方：杭州开元名都大酒店（以下简称乙方）

甲、乙双方就共同建立校企合作关系，建立校企合作培养项目事宜，经友好协商，达成如下合作意向。

一、合作总则

为进一步加强校企联合，促进资源优势互补，使企业成为学生实习、就业的有力保障，使学校成为企业专业人才培养的后方基地，根据"资源共享、互利互惠、责任同担、协同发展"的原则，按照"紧贴市场，紧贴行业，紧贴岗位"的方针，双方同意建立校企合作关系，并签署校企合作培养协议书。

二、双方权利和义务

（一）甲方

1. 根据乙方的实际情况和要求，提供信息资源、技术援助和项目合作研究。

2. 委派专业团队负责管理实习学生的行政事务，并参与教学和指导工作。

3. 聘请乙方的有关领导、高级管理人员、技术人员参与专业建设和人才培养过程，培养社会、企业需要的人才。

4. 接受培养的学生严格遵守乙方的各项管理制度。

（二）乙方

1. 根据自身需要与甲方开展项目合作研究，充分利用企业的行业优势和影响。

2. 按照甲方教学计划，结合单位实际情况，安排学生实践内容、指导实践过程，培养学生实际操作能力和职业素质。

3. 提供培养中实践所需的基本企业材料、相关设备和场地。

4. 乙方在学生培养过程中，根据学生实践期间的表现进行全面的评价和考核，并提供书面鉴定给甲方。

5. 根据学生的综合表现和素质，可优先选择甲方毕业生，并依据《中华人民共和国劳动合同法》及《杭州市劳动合同条例》的相关程序，签订劳动合同，办理劳动用工手续。

三、合作时间

合作期限为一年,根据双方合作意愿和实际情况,可长期合作。首次合作结束后,双方可共同商议形成新的合作意向。

四、其他

本协议一式两份,合作协议一经双方代表签字、盖章即生效,双方应遵守有关条款,未尽事宜,可由双方协商解决。

甲方:浙江工商大学　　　　　　　　乙方:杭州开元名都大酒店

代表:　　　　　　　　　　　　　　代表:

日期:　　　　　　　　　　　　　　日期:

(二)进行宣讲,公布标准

校企双方达成协议后将在学校进一步宣传和推广创新课堂。其中尤其重视线下的宣讲,通过组织师生参与,详细宣传企业场景嵌入的创新课堂建设的构架和理念,号召全体师生积极参与和支持产教研深度融合的酒店课程改革实践。学校在向全体老师提出传统教学模式的不足时,希望其能一起积极推进创新课堂的建设,并根据课堂知识理论及时更新教案和教学模式。更为重要的是,要向学生介绍校企双方的详细信息和培养的流程细节,阐述培养理念和目标,公布选拔人才的标准和要求,以新颖的课堂形式和创新的实践练习激发学生的兴趣,号召学生以积极的心态参与进来,有利于今后就业或者研究的长足发展。

这种创新课堂在培养管理类学生的实际作业能力、创新能力的同时,又进一步融合高校的理论教学优势与旅游企业的实践场景优势来进行知识传授,让学生以企业管理人的身份去思考,更真实地走进这个行业,不仅培养了学生科学的思维方式、创新意识,更强化了学生主人翁的意识,增强其社会责任感。

第一,培养学生的社会责任感。企业社会责任是指企业对待社会的责任和态度,是企业需要承担的。学生通过参与企业的日常经营活动明白,大多企业将服务社会、造福人类和改变生活等的崇高使命视为自己文化的核心。同时学生也意识到责任感并不仅仅是企业管理层面的事情,企业的事情最终由员工来完成,而使命感是员工前进的驱动力。

第二,培养学生理论联系实际的科学思维方式。坚持以实践为主导的原则,把企业参与教学的场景作为重点,将理论转变为方法,同时维持理论向实践的动态开放性,强调问题导向。让学生重视理论联系实际,以辩证思维为指南,参与探讨理论联系实际的方法论,增强其理论联系实际工作的主动性、自觉性。

第三,培养学生的创新意识。在学习过程中,学生需要设定具体的目标,尽可能提出新理论、新构想或发明新技术、新产品,从而提高创造性地解决问题的能力。学生选择企业的研究课题并被允许参与相关的研究活动,可以使其发现问题,并选取有效的方法和途径来解决这些问题。同时,注重培养学生们的信息加工、动手操作、创新技术的运用、创新成果的表现及物化的能力等,增加创新的可能性。

第四,培养学生正确的职业道德观。在企业介入的模式下,学生可在社会实践中有意识地体验,进而了解职业、熟悉职业,培养职业情感,进一步了解自我和社会,培养对职业的热爱、义务感、主人翁意识、荣誉感和幸福感等。

在宣传校企产教研融合培养创新型人才的过程中,更要加强校园文化和企业文化的对接融合,营造良好的校企育人氛围。在校园内创立校企育人文化宣传专栏,加强校企文化融合的宣传,并通过校内公众号推送校企育人文化、宣讲的内容和相关的流程政策,增加学生对这一创新课堂建设的了解度,并强化学生的创新意识和创新精神。鼓励学生积极参与创新类和实践类的竞赛,让学生于真实体验中意识到理论和实践相结合的重要性,更容易带着问题和目的去接受基于企业场景嵌入的创新课堂的培养模式,从切身体会中对这一培养模式产生认同感。要让学生在浓郁的氛围的熏陶下,自觉树立创新价值观,努力学习,立志成为符合行业企业发展需求的创新实践型人才。

(三)组织架构,整合人员组织

产教研深度融合的创新课堂需要学校、企业的高级管理人员以及行业的相关专家等进行多方合作才得以实现。学校需要充分利用专业建设的优秀资源,与企业方如杭州开元名都大酒店合作构建企业嵌入式课堂,把真实的酒店经营项目作为载体,以培养专业的管理人才为目标,深度探索、开发专业教学实践,最终实现"双导师、双场所、全方位"的场景式教学。

企业方需要让总经理出面与学校方进行协商,在达成合作意向和敲定项目细节后,由人事部总监来负责具体事项的操作和推进。正如在我校与杭州开元名都大酒店的合作过程中,杭州开元名都大酒店负责人金杭甬总经理作为牵头人与我校就建设企业场景嵌入的创新课堂达成了合作意向,为我校的产教研深度融合的酒店课程改革提供了强有力的实践指导和场所平台的支持。金杭甬总经理不仅在企业战略、营销、产品开发等方面成绩斐然,同时也注重酒店业人才的培养,与杭州几家高校均有人才培养合作计划,对酒店人才的培养和教学改革颇具心得,对我校这一项目更给予了充分的肯定和期盼。在课堂培养过程中,更离不开企业实际案例的分析,因此需要企业方高级管理人员针对学生的课堂理论学习,并结合日常经营过程中的案例提出企业面临的真实的市场问题,由学生组成小组来完成。整个过程主要由企业高级管理人员指导,并且这些高级管理人员能从自身多年的企业管理经验出发,对学生的小组作业提出贴合现实的指导和建议。

同时,企业方需要派出专人来负责学生在企业实践学习的整个过程,与校方理论学习的进程实时对接,提供相关的资料,推动学生企业实践学习的进程,以保证整个学习过程能顺利开展并取得预期的效果。

此外,后期还需要联络本行业的专家和领导,对学生反复修改的产品再做进一步评估,从更专业和严格的角度对学生提出要求,为产品接下来投入市场做好充分的准备。

企业浸入式课堂的教学将理论、教学、实践、执行完美地融合在一起。在这种培养模式下,学生既拥有了扎根于实际的调查研究能力,又能发挥专业的方案策划以及团队合作能力。

(四)实施培养,问题导向

在秉持着以上培养目标的基础上,由校内创新型教学团队和企业管理技术专家组成的校企产教研融合创新型教学团队,结合一线教师的课堂反馈,参考企业高级管理人员的行业建议,反复探讨并修改基于企业场景嵌入的创新课堂的课程设计,仔细考量了对学生完成课程小组作业步骤的考核方式和评价指标,科学设计培养方案,让学生的学习方式更为丰富,可以获得更加全面的锻炼和指导。

在学生完成了一定量的课堂理论学习后,企业方针对学习进度布置作业。第一个作业就是进行实地的调研并收集资料,从专业的角度分析企业的市场定位、所拥有的客源,并提出自己的看法。这对于刚脱离课堂的学生来说是不小的挑战。如何将课堂上的理论知识和分析方法运用在企业的实际问题上,以及如何收集到自己想要的数据和资料来支撑自己的分析,都是学生需要去学习的。

在完成第一次作业时,企业方的管理人员先贴心地收集学生的文档版本,从专业的角度进行详细的批注:作业中存在的问题,如何修改完善且合理,下一步讲解展示的重点,等等。然后,小组根据企业方给予的指导完成修改后,进行作业的 PPT 展示。最后,评审会综合各方面包括 PPT 内容、PPT 制作水平、在台上讲解 PPT 时的台风和口才等进行打分。

在完成第一次作业后,企业方会针对学生发布比较复杂的专业任务,比如设计酒店产品与营销报告,即希望学生能结合企业的特点、市场定位、客源市场来设计和规划一条新的旅游线路,针对不同的客户群来进行推广营销和成本预算的分析。图 4-4 至图 4-11 是两组学生的部分作业展示。

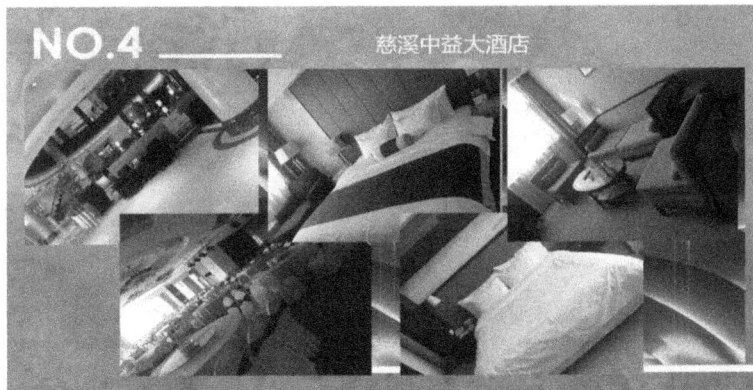

图 4-4　学生实地调研作业展示

图 4-5　企业管理导师的详细指导批注

目录
CONTENT

01　目标市场分析

02　旅游环境分析

03　酒店概况

04　产品开发

05　推广方案

06　财务分析

图 4-6　HorizonTeam 老年游的目录

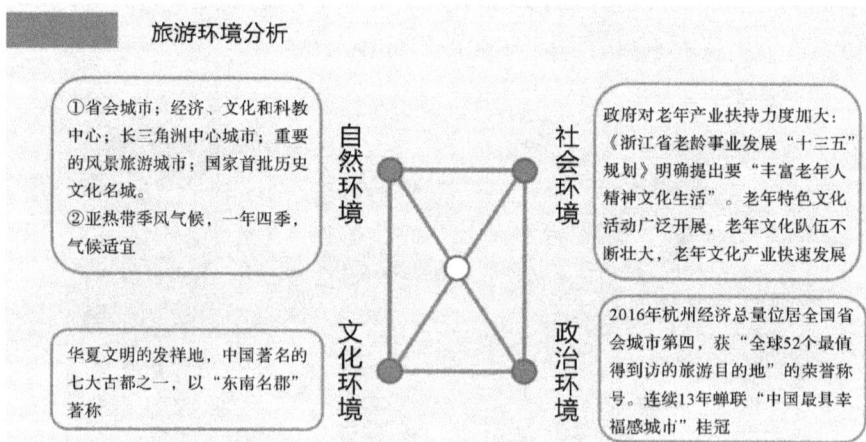

旅游环境分析

①省会城市；经济、文化和科教中心；长三角洲中心城市；重要的风景旅游城市；国家首批历史文化名城。
②亚热带季风气候，一年四季，气候适宜

自然环境

社会环境

政府对老年产业扶持力度加大：《浙江省老龄事业发展"十三五"规划》明确提出要"丰富老年人精神文化生活"。老年特色文化活动广泛开展，老年文化队伍不断壮大，老年文化产业快速发展

文化环境

政治环境

华夏文明的发祥地，中国著名的七大古都之一，以"东南名郡"著称

2016年杭州经济总量位居全国省会城市第四，获"全球52个最值得到访的旅游目的地"的荣誉称号。连续13年蝉联"中国最具幸福感城市"桂冠

图 4-7　HorizonTeam 的旅游环境分析

产品介绍

中餐——四季轩点餐

下午活动——心灵禅修下午茶（茶文化、禅文化、香薰文化）：
①地点：二楼廊吧。
②特点：在茶香禅乐的色香味触中让心灵平静、把心打开。
③形式：客人品功夫茶或龙井，配以"杭州声音"的音乐，并亲自动手制作焚香

图 4-8　HorizonTeam 的部分产品介绍

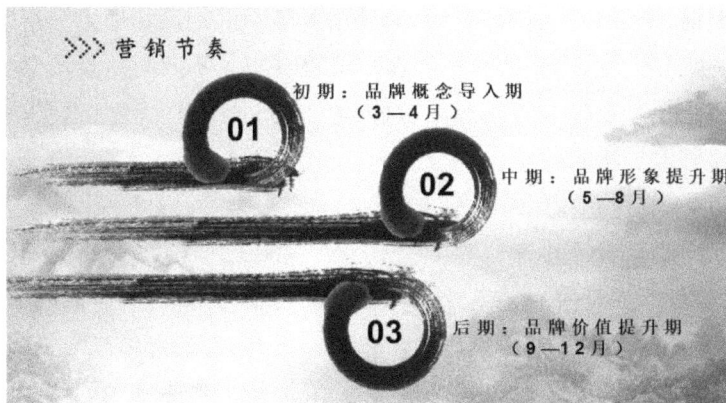

图 4-9　行动派组亲子游的营销节奏

图 4-10　行动派的部分行程安排

图 4-11　行动派的部分成本预算

总体来说,学生的作业较为详细地运用了所学的知识和理论分析手段,结合前期实地调研的企业资料,针对不同客户群设计出了不同的旅游产品,但是也存在着如脱离实际市场等一些问题。对此,企业方的管理人员提出了一些十分恳切的建议和值得思考的问题。

1.关于行动派的亲子游

(1)亲子游目的地并不是杭州整体形象的代表。雅俗文化的受众群体不对,孩子们是不喜欢雅俗文化的。同时,也没有很好地确立城市推广目标,确定城市推广目标的意义在哪里,只是单纯希望客人来消费。

(2)本汇报中对国家旅游背景的罗列的意义不大。打个比方,上海和杭州之间又通了两条高铁、上海和杭州之间来往的高速免费了,诸如此类的才是具体的旅游背景。因为交通便捷了,成本变低了,上海游客才会有事没事地就来杭州玩,从而促进杭州旅游发展。这些才是具体的背景。

(3)亲子产品的核心内容是需要再去思考的,要明白最主要的吸引物是什么。像天竺筷并不容易引起孩子的兴趣。而且,像天竺筷这类产品只是旅游纪念品,是在游玩过程中为了纪念这次旅游活动而买的礼品,并不足以吸引上海游客为了一根天竺筷就跑过来旅游,这是不现实的。像SPA、插花这类活动,目标也不够明确,文化过度堆砌痕迹严重。

(4)目标和定位不够清晰。比如SPA,如果大人都去做SPA了,那小孩怎么办? 这显然是不可行的。再比如,像菊英面馆是"舌尖上中国"的网红产品,只有年轻人才会去凑热闹,对亲子游客能有多少吸引力呢? 游玩时间也太长,从早上七点到晚上十点多一直有项目,孩子肯定吃不消。有孩子的家长,很难考虑这样的产品。

2.关于 HorizonTeam 的老人游

(1)定位不明确。抓的是细分市场,要明确目标市场和细分市场的区别,确定营销目的地,消费客人具体来自哪里,以及广告投放应该放在哪里。

(2)产品缺乏。汇报中提到丝绸、王星记、禅修、素食等。我们用什么吸引客人过来和客人到了以后要给他体验什么产品是不同的概念。客人不会为了旅游纪念品而来。

（3）半自助针对多少客人、可实施性有多大，是需要进一步考虑的。

（4）汇报中提到的旅游跟拍，是否考虑到了老人较为节约的特点，漂亮年轻人更倾向于跟拍。

（5）汇报中提到较多名词如故事营销、OTA营销，但未做具体解释，深度不够。

（6）汇报中提到禅修、焚香，是否考虑到杭州开元名都大酒店具有相应的优势？一定要根据已有的框架限定，根据目标人群的实际情况进行选择，目标市场一定要大。

（7）在产品设计层面，未用4P进行分析。3880元套餐可以去韩国旅游了，为什么要来杭州？同类产品竞争力在哪里？

两份汇报存在的共同问题：未仔细审题，未认真考虑杭州的城市形象和市旅委是否会接受。两组均选择了自己不擅长的领域：老年游和亲子游。题目以杭州开元名都大酒店作为例子，但两组都没写明该酒店的局限性。比如，客人如果从杭州东站过来，那选择杭州开元名都大酒店的可能性就很小，因为无论汽车还是地铁都需要近40分钟车程，而从萧山机场过来的客人却很有可能选择杭州开元名都大酒店。再比如，杭州开元名都大酒店作为基点也有其特殊性需要陈述。

企业的管理人员从多年经营和管理企业的角度，针对学生作业提出了十分有建设性的问题。学生将带着这些问题去深度学习和理解，思考城市旅游推广到底是什么：它可以不一定全是销售，也可通过大型活动推介会、杭州亚运会、G20杭州峰会、拍视频（如西溪湿地《非诚勿扰》宣传片）等方式去制造热点来实现。因此，企业方要求学生们在15—20天后通过讨论和交流，列出框架，再交出一份作业。

学生在面对这一次的作业时将以问题为导向，着重从项目开发的背景如杭州的城市旅游发展目标、发展战略、发展环境和旅游空间格局加以详细分析，以及考虑到城市本身的形象和定位，并与周边的热门旅游城市如南京、苏州、宁波等进行优劣势的比较，同时也涉及杭州开元名都大酒店在项目中的优劣势，尽可能地去完善项目的设计，充分发掘杭州的魅力来吸引游客和推广。

1.项目定位

(1)杭州市城市旅游定位——国际重要的旅游休闲中心。

(2)杭州市产业转型升级方向,以"龙头带动、特色引领、差异互补、提档升级"为原则,由观光游览为主向观光游览、休闲度假、文化体验、商务会展"四位一体"转型,打造生态休闲、文化休闲、商务休闲、运动休闲、养生休闲五大类旅游休闲产品体系。

(3)萧山区旅游定位——华东商务会议旅游首选目的地、长三角著名休闲旅游目的地,"会议会展旅游、国际峰会主会场"两大方向联动发展。实施"旅游南进"战略,打造湘湖度假休闲、东部航坞文化休闲、南部山体生态养生休闲三大板块,涉及钱江 MICE 集聚区、湘湖国家级旅游度假区、空港园区免税购物旅游区、商务会奖、休闲度假、乡村旅游等。

(4)客群定位。根据百度指数搜索"杭州旅游"等相关关键词,最终得到如表4-1 所示的分析,杭州旅游的一级市场为上海、浙江省内城市,二级市场为北京、苏州、南京,三级市场为广州、郑州等距离较远城市。

表 4-1 　2017 杭州、宁波、上海、南京旅游数据统计

城市	旅游总收入/亿元	旅游总人次/亿人次	国内旅游收入/亿元	国内旅游人数/亿人次	国际旅游创收/亿美元	入境旅游人数/万人次
杭州	3041.34	1.6		1.4	35.43	402.23
宁波	1715.9	1.1	1649.1	1.09	9.9	186.9
上海	4485.0	3.1	4025.0	3.09	68.0	1873.0
南京	2168.9	1.2		1.19	7.6	72.8

杭州、上海、南京和宁波虽然都地处江南,但由于地理要素、发展沿革等的不同,各自的城市特点也显示出极大不同(见表4-2)。

表 4-2 　杭州、上海、南京、宁波主要特点

城市	主要特点
杭州	现代文明和古代文明结合的完美天堂
上海	极具现代化而不失传统中国特色的海派文化都市
南京	中国著名的四大古都之一,崇文重教的历史文化名城
宁波	具有海洋特色和非物质文化遗产的港口城市

2.杭州旅游形象与城市定位

后 G20 杭州峰会时代,杭州放大后峰会综合效应,积极提升城市国际知名度、国际化水平和国际竞争力,努力成为具有全球影响力的"互联网＋"创新创业中心。

前亚运时代的来临,标志着杭州正在向国际化大都市进一步迈进。为了迎接亚运会,杭州将建成 12 条共 450 千米地铁,构建亚运会轨道交通服务网,打造场馆快捷交通时空圈;构建城西轨道交通网,助力科创大走廊建设;建成空港轨道交通线路,形成大江东轨道交通主骨干;推动城市区域协调发展,形成大都市轨道交通圈。

杭州抢抓后峰会前亚运机遇,为加快城市的国际化、建设国际重要的旅游休闲中心迈出重要一步。位于萧山机场国际航站楼出发大厅的"杭州文明旅游服务中心"正式启用,这是全国首个开设在国际机场的城市形象窗口和国际旅游服务点,承担着宣传杭州城市国际形象、向境外游客推介杭州旅游产品、向境内外游客提供旅游咨询服务等公共服务功能,派出多语种志愿者服务全球宾客。

根据前期训练,学生对于旅游产品的设计和开发都有了更深刻的认识,但是仅仅进行书面的项目策划而不经过市场的检验是远远不够的,因此在学生培养的后期要将学生的产品真正投放到平台,让现实生活中的消费者来选择,使其接受真实市场的检验,评委专家也会据此给出学生小组的最后评分。

企业方据此发布最后一次的作业任务是以"发现城市旅游之美"为题做旅游攻略。

发现城市旅游之美

一、主题:杭州城市旅游攻略

以杭州开元名都大酒店为出发点,要求旅游攻略的撰写落脚杭州。

二、研究课题参与小组

三、人群定位

游客定位:外地游客,在杭州进行两天一晚或三天两晚的旅游攻略安排。

交通出行方式:飞机、高铁、自驾游。

四、需制订路线设计(具有行程特色)

(一)体验前需撰写杭州旅游攻略模拟稿,提交基本框架,由企业方审核。

（二）旅游攻略对可行性和落地性要求较高,符合游客消费档次和品位。

五、行程过程中,需要提供:

1.城市照片、景点照片;

2.住宿酒店图片,客房、用餐区域图片;

3.餐食特色。

六、课题经费情况

课题期间每个小组将获得的经费或福利包括:

1.杭州开元名都大酒店一晚的住宿;

2.杭州开元名都大酒店内部餐饮消费 500 元;

3.外部消费 500 元资金(可用于美食、车票等费用)。

七、后期成果检验

1.活动结束后,需将两天一晚或三天两晚的行程安排再次整理,结合感想提交一份完整的旅游攻略。

2.两份攻略将放在马蜂窝 APP,根据实际点击数量和分享数量,评估作业效果。

在这一主题下,行动感知派和 HorizonTeam 队学生分别递交了他们的作业,如图 4-12 至图 4-14 所示。

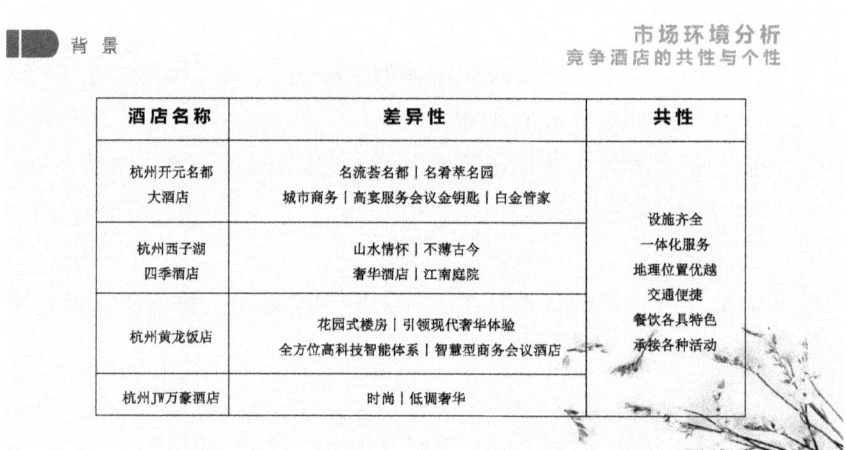

ID 背景   **市场环境分析**
      竞争酒店的共性与个性

酒店名称	差异性	共性
杭州开元名都大酒店	名流荟名都|名肴萃名园 城市商务|高宴服务会议金钥匙|白金管家	设施齐全 一体化服务 地理位置优越 交通便捷 餐饮各具特色 承接各种活动
杭州西子湖四季酒店	山水情怀|不薄古今 奢华酒店|江南庭院	
杭州黄龙饭店	花园式楼房|引领现代奢华体验 全方位高科技智能体系|智慧型商务会议酒店	
杭州JW万豪酒店	时尚|低调奢华	

图 4-12　行动感知派的"感知江南最忆杭州"

◼▮▬　社会效益

感知江南
最忆杭州

延续传统文脉
与时俱进｜推陈出新
感受
现代风貌与传统文化
展现
城市形象｜传统与现代交织
待客心意｜大气开放

图 4-13　行动派的"感知江南最忆杭州"

PART04 运营思路

价格——推荐优惠

前期推广的马拉松参与者携家属或朋友消费改产品，给予折扣优惠；该产品消费者推荐亲友或同事前来消费，给予其亲友或同事折扣优惠。

渠道——平台及展会

与开元旅舍合作，将成熟版本的本项目作为为对方免费策划的旅游产品之一去参加各类旅游展会及杭州亚运会推广展会，如上海世界旅游博览会、深圳旅游展会，甚至是国外的旅游展会，以提高知名度，吸引更多客群

图 4-14　HorizonTeam 的"全民亚运，人文杭州"

　　相较于第一次的作业，学生这次的作业展示仅从形式上来看就更为丰富，PPT 的制作也更为简洁大气，十分吸引眼球。在汇报展示环节中，每个学生更为自信从容，这仅仅是创新课堂带给学生们改变的一小部分。

　　通过 PPT 可以看到，学生在企业管理导师的引导下，经历了一个不断被否定、肯定、修改的过程，学生的思路慢慢地由简单幼稚变为成熟和贴近实际，这正

是该课堂所期望提供的。学生在思考问题时已经慢慢从单线的思维转变成全面多维的考虑方式,甚至不再局限于一家企业的效益,而是在此基础上更具有社会责任意识,重视企业的社会责任体现。此外,对项目的开发和分析也不只停留于课本上的理论方法,而是展开更为全面饱满的综合分析,重视与同类型竞争对手的比较,充分挖掘企业的优势和亮点,同时也明确自身的劣势,学会扬长避短。

由企业高层、旅游管理部门和互联网企业代表形成的共同小组将会对学生小组的方案进行评判,最终通过与杭州开元名都大酒店、马蜂窝 APP 等企业的合作将产品投放市场,接受消费者的真实评价,以综合得出学生的最终成绩。

四、成果及社会影响

(一)良好的人才培养效果

在企业浸入式课堂中,学生开阔了眼界、培养了实践能力和创新精神。企业训练营教学培养期间,学生获奖情况如下:

2017 年,获省教育厅浙江省大学生电子商务竞赛二等奖。

2017 年,获法国左岸杯世界名校红酒俱乐部品鉴大赛总冠军。

2017 年,获《中国日报》关于左岸杯比赛第一次报道。

2017 年,获《钱江晚报》关于左岸杯报道。

2018 年,获南开大学第三届《尖峰时刻》全国酒店管理模拟大赛一等奖。

2018 年,获法国左岸杯世界名校红酒俱乐部品鉴大赛总冠军,是亚洲区唯一一支蝉联地区冠军的队伍。

2018 年,获共青团中央"创青春"浙大双创杯全国大学生创业大赛第十一届"挑战杯"全国金奖。

2018 年,获省教育厅大学生"互联网＋"创业大赛留学生组一等奖。

2018 年,获《中国日报》关于左岸杯比赛第二次报道。

2018 年,获《中国日报》关于左岸杯比赛第三次报道。

2018 年,获《新华社》温暖回家路报道。

2018 年,获《中国旅游报》关于打造酒店业校企合作样板报道。

2018 年,获中国报道网关于左岸杯比赛第三次报道。

2018年,获杭州明珠电视台关于酒店专业特色专业建设报道。

2018年,获《青年时报》关于左岸杯比赛报道。

2018年,获《酒店高参》报道酒店行业管理人才发展困境突破。

2018年,获《一点资讯》报道酒店行业管理人才发展困境突破。

2019年,以第一名的成绩获浙江省第五届经济管理案例大赛省级一等奖。

2019年,获国家级大学生级创新创业训练计划立项。

2019年,获第四届"尖峰时刻"酒店管理模拟全国大赛一等奖。

2019年,获第四届"尖峰时刻"酒店管理模拟全国大赛三等奖。

2019年,获浙江省首届乡村规划案例分析大赛省级二等奖。

2019年,获浙江省首届乡村规划案例分析大赛校级优胜奖。

2019年,获"农信杯"第二届浙江省大学生乡村振兴创意大赛省级一等奖。

2019年,获"农信杯"第二届浙江省大学生乡村振兴创意大赛省级最佳创意奖。

2019年,获浙江省第十一届大学生职业生涯规划大赛省级一等奖。

2019年,获大学生团队实践扶持培养项目立项。

2019年,获浙江省第五届"互联网＋"大学生创新创业大赛省级三等奖。

2019年,获创客天下杭州市海外高层次人才创新创业大赛省级优胜奖。

2019年,获浙江工商大学第五届"互联网＋"大学生创新创业大赛校级三等奖。

2019年,获全国挑战杯学生学术论文竞赛三等奖。

2020年,获第五届"尖峰时刻"酒店管理模拟全国大赛一等奖。

2020年,获第五届"尖峰时刻"酒店管理模拟全国大赛三等奖九项。

2021年,获第六届"尖峰时刻"酒店管理模拟全国大赛一等奖。

2021年,获第六届"尖峰时刻"酒店管理模拟全国大赛二等奖三项。

2021年,获第六届"尖峰时刻"酒店管理模拟全国大赛三等奖两项。

教学实践期间,酒店管理教学获批一个校级实践示范基地平台和一个省级实践示范基地平台,且以82分的高分顺利通过全国组织专家评审的新专业验收,酒店管理专业武书连排名全国111所院校第四,还进行了校级酒店业管理在线课程的创新。

学院联合PATA、浙江省旅游局、浙江省旅游协会等机构连续5届承办国际性(全国性)大学生旅游产品设计与营销策划大赛,吸引了多所高校近百支队伍数千名学生参与,本院多名参加企业场景嵌入式课堂训练的学生获奖。

教学课堂实践过程中,教师鼓励学生开展创业实践,对实际展开创业活动的学生进行一对一的专家辅导。学生(毕业生)建立了婚庆公司、工作室、培训机构等多种形式创业个体。

(二)形成了较大的行业和社会影响力

产教融合课堂精英培养模式让行业内众多企业家、实务导师、旅游创业公司以及旅游互联网平台都看到了学生们的风采,该教学成果得到了旅游行业多方资深业者的高度评价。一方面学生们得到了名师们的传经送宝,另一方面也向业界展示了浙江工商大学旅游与城乡规划学院旅游管理专业学生们的素养,给潜在用人单位留下了深刻印象。

与杭州开元名都大酒店等企业达成的课程教学合作,为企业输送了多批次的人才。毕业生质量与能力深受业界好评,《中国旅游报》报道浙江工商大学旅游与城乡规划学院的教学模式为"企业与学校教育完美融合的样板"。

《中国日报》连续三次报道浙江工商大学旅游与城乡规划学院训练营学生参加法国左岸杯比赛,新华社报道浙江工商大学旅游与城乡规划学院训练营留学生温暖回家路,《钱江晚报》报道浙江工商大学旅游与城乡规划学院训练营学生左岸杯比赛,《中国旅游报》报道浙江工商大学旅游与城乡规划学院打造的酒店业校企合作样板,中国报道网三次报道浙江工商大学旅游与城乡规模学院训练营学生左岸杯比赛,杭州明珠电视台报道浙江工商大学旅游与城乡规模学院在酒店专业特色专业教学建设,《青年时报》报道浙江工商大学旅游与城乡规划学院训练营学生左岸杯比赛,酒店高参报道浙江工商大学旅游与城乡规划学院教学模式对酒店行业管理人才发展困境突破的贡献,一点资讯报道浙江工商大学旅游与城乡规划学院创新课堂在酒店行业管理人才发展困境突破。

(三)广泛的辐射示范效应

得到了酒店企业及酒店高端人才市场的关注,多家酒店企业向该教学成果学习与旅游管理专业院校建立产教合作的课堂。此外,还得到了兄弟院校的肯定,吸引了浙江外国语学院、浙江传媒学院、浙江财经大学等高校旅游管理专业同行进行考察学习。

　　国内多家媒体,如《中国旅游报》、中国饭店业、《钱江晚报》、网易等对旅游管理类专业的企业浸入式课堂教学模式成果进行了报道。

　　具体报道有:《中国日报》关于左岸杯比赛第一次报道,《中国日报》关于左岸杯比赛第二次报道,《中国日报》关于左岸杯比赛第三次报道,新华社关于学生温暖回家路报道,《钱江晚报》关于左岸杯报道,《中国旅游报》打造酒店业校企合作样板报道,中国报道网关于左岸杯比赛第三次报道,杭州明珠电视台关于酒店专业特色专业建设报道,《青年时报》关于左岸杯比赛的报道,酒店高参报道酒店行业管理人才发展困境突破,一点资讯报道酒店行业管理人才发展困境突破。

第五章　企业场景嵌入对学生学习投入的量化研究

在高校教育课程改革的大背景下,产教研三方融合模式是高校旅游管理课程教学的重要目标。近年来,专业认同感的缺失使得酒店管理学生转专业、旅游企业管理人才供不应求的现状愈加严重,枯燥的理论学习与缺乏实践学习的困境增加了学生对该专业未来就业的危机感,而企业场景嵌入课堂试图解决这些问题。本章以浙江工商大学旅游管理专业学生为研究对象,对实施企业场景嵌入课堂的学生进行研究,并通过对该专业学生进行问卷调查得到真实数据,考察并量化验证企业场景教学感知、学生学习投入度与学生专业认同之间的作用机制。研究结果表明,学生在企业嵌入式课堂所获得的场景感知对学生学专业认同、学习投入度都有显著的积极影响,学生专业认同度对学生学习投入度有着显著影响。

一、文献综述与研究假设

(一)具身认知理论

具身认知是在反对传统认知科学之偏误的基础上出现的,它强调"具身性"与"情境化",主张认知是大脑、身体与环境交互作用的产物[5]。具身认知理论明确反对笛卡儿的身心二元论,主张认知是在身体、情感与环境三者交互中产生的。传统教学方式认为,教育的认知传输过程只需要情感上的共鸣就能达到理想的效果,否认了教育中实践的重要性。杜威指出,人类经验的获得、问题情境的解决依赖于我们自身的参与,即"心灵是一个参与者,与其他事物交互发生作用"。学生学习就是一个经验获得的过程,课堂教学是解决问题的情境,具身认知理论的提出使课堂教学发生变革,情境化教学成为当前课堂教学的主流。这一转变让教育者更加关注学生的"精神世界""价值世界"与"体验世界",摒弃固定化、僵死性、实体性的模式。企业场景嵌入式课堂教学模式为学生学习提供了具体的学习环境,并创造了学生身体在场的真实体验条件,跨时空与企业建构共同体符合具身认知下的教学理念。知识是被身体建构出来的,学习环境如果不能支持学生利用身体和姿势,就会对学生的学习产生限制,设计有效创造具身学习条件的学习环境正在成为一个新兴的研究和设计领域。而企业场景创造了具身学习的学习环境。

具身认知理论认为,学生学习投入是环境对身体进行塑造的直接结果[13]。具身认知下的学习环境能满足不同学习者的学习需求,通过一个学习生态机制来提升学生的学习效果和学习能力[14]。学生对学习的投入度是衡量学生对所学知识兴趣与满意度的客观标准,企业场景嵌入提供了课堂所学环境,学生可以自己经营酒店、充当管理者,这种教学模式让学生深入了解所学专业及背后所面临的真实市场环境,极大地提升了学生学习的自主性和互动性,间接地提高了其学习的投入度。谭千保等[15]进行具身视角下身体在场的自我研究,不断明晰自我经验中具身的重要作用。这一过程是自我反思的过程,也是自我变革的过程,学习者在此情境中通过实践学习来反思和改变对自我身份的认同,明确自己在课程中的角色和身份,进而增加对所学专业的了解,不断增强专业认同感。

(二)企业场景化感知与学习投入

学习投入是指学生在开始和执行学习活动时行为上投入的强度和情感上体验的深度,是学习者在学习过程中消耗的经费、时间和精力等资源的总称[16]。关于学习投入的影响因素,Fredricks et al. [17]将其归结于个体变量与环境变量,而这两大变量也成为后来学者研究的主流方向。环境变量不仅包括学校所营造的良好的学习氛围,也包括符合课程设计的学习情境。在具体的教学过程中,要融合实际锻炼法来提升学生的学习投入度[18]。汪雅霜[19]也表示,学校致力于提高学生学习投入度,就需要创设集理论与实践于一体的真实情境课堂。企业场景嵌入式课堂解决了高校实践类学科教育脱离真实市场环境的问题,创设了不受时间及空间约束的企业场景化课堂,建构了集教师、学校、企业三方于一体的学习平台。对于场景化的研究大多停留在企业营销层面,但可类比到学习教育中,即学生是消费者,课堂就是营销知识的媒介。Lee & Jun 研究发现,"场景化感知价值"(Contextual Perceived Value)会显著影响顾客的感知有用性、满意度和重购意向[19]。对场景化课堂而言,企业场景化的教学感知能影响学生对学习内容的感知有用性、满意度和继续学习意向,其中,有用性、满意度都可作为学习学习投入的外部表现因素。因此,可以提出假设:

H1:学生企业场景化感知对学习投入度存在显著正向影响。

(三)企业场景教学感知与专业认同

专业认同感是指学习者在认识了解所学学科的基础上产生的情感上的接受和认可,并伴随积极的外在行为和内心的适切感,是一种情感、态度乃至认识的移入过程[20]。安芹和贾晓明[21]认为,学生对所学专业的认同表现在是否具有学习兴趣,能否自发、自主地学习,在学习过程中主动与他人互动、合作,并愿意把所学专业作为日后的职业选择,对专业的价值有所认可。真正达到专业认同的状态是指学生与自己所学专业在心理上保持和谐一致,并且能与此专业的发展进程保持密切联系[22]。近年来,旅游行业人才紧缺,即使招募人才也面临实际操作能力不过硬的问题,转专业加剧了旅游人才的流失,这些都是学生专业认同感缺失的表现。如何加强专业认同感对于旅游专业而言是一项极其重要的任务。

目前,对于专业认同维度的研究趋于一致。秦攀博[23]将专业认同分为认知性(对专业的了解程度)、行为性(对专业学习的行为表现)、情感性(对专业的喜好程度)和适切性(专业与自身匹配程度)四个维度并编制了问卷。依据具身认知理论,身体在场的参与能够引起在场者的情感共鸣并使行为情境达成一致。企业场景嵌入式课堂给学生提供了真实的企业学习平台,学生以企业管理者的身份参与其中,在此过程中的角色扮演与知识的融合能够加深学生对本专业的了解程度,充分发挥其自身的能力,寻找到适合自己的专业地位。因此,可以提出假设:

H2:学生企业场景化感知对学生专业认同有显著正向影响。

H2a:学生企业场景化感知对学生认知性有显著正向影响。

H2b:学生企业场景化感知对学生行为性有显著正向影响。

H2c:学生企业场景化感知对学生情感性有显著正向影响。

H2d:学生企业场景化感知对学生适切性有显著正向影响。

(四)学生专业认同与学习投入

以往研究表明,学生专业认同与学习投入之间存在正相关[24]。大学生专业认同会直接影响其专业学习、专业能力及未来职业的方向[25]。崔文琴[26]基于专业认同角度视角,讨论了大学生学习投入的影响因素。其研究结果表明,大学生学习投入水平处于中等偏下,其中专业认同的行为因子对学习投入影响最大。段陆生[27]、邢爽[28]等论证了学生专业承诺对学生学习投入的影响,专业承诺是学生专业认同的重要内容之一。王平等[29]以医学院学生为研究对象,发现医学院学生的专业认同与学习投入处于中等水平,专业认同的认知性和情感性维度对学生学习投入的正向影响更显著。张萌、李若兰[30]认为,大学生专业认同对其学习投入的研究要经过以学校归属感为中介的路径,提出了两者之间不仅存在直接效应,也存在间接效应。谢琴红等[31]以专业认同为中介验证了学生职业价值观对其学习投入的影响,但内在影响机制表明,学生的专业认同对其学习投入存在显著影响。因此,可以提出假设:

H3:学生专业认同对学习投入存在显著正向影响。

H3a:学生认知性对学习投入存在显著正向影响。

H3b:学生情感性对学习投入存在显著正向影响。

H3c:学生行动性对学习投入存在显著正向影响。

H3d:学生适切性对学习投入存在显著正向影响。

(五)学生专业认同的中介作用

企业嵌入式课堂是旅游管理学科新的教学模式与实践教学的切入点,它对学生的学习投入有很大的直接影响,让学生置身于真实市场是他们提升自我学习投入度的一大关键。真实市场与真实案例的学习方式能影响学生的专业认同度,从而间接地对学习投入产生影响。整合上述观点,可以提出假设:

H4:学生专业认同在企业场景化感知与学习投入间发挥中介作用。

综上所述,本研究试图构建以专业认同为中介的企业场景化感知对学生学习投入的概念模型(见图5-1)。

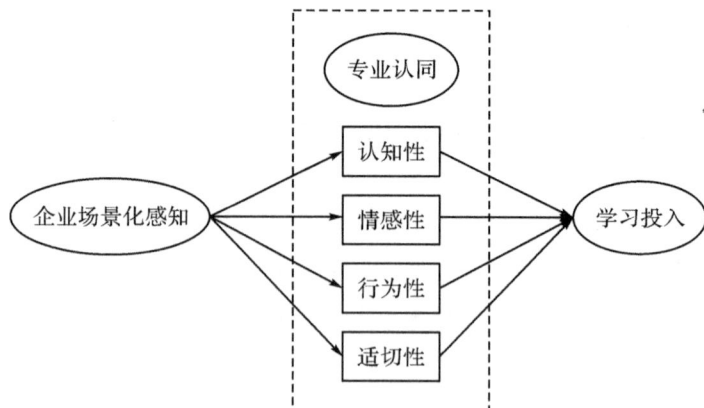

图 5-1　企业场景化感知、专业认同与学习投入的关系模型

二、研究对象与设计

(一)研究对象

本研究的研究对象为浙江工商大学已参与"企业场景嵌入式"旅游管理课程的本科生,发放问卷 264 份,剔除无效问卷后实际回收有效问卷 236 份,回收率为 89.39%。其中男生 64 人,占 27.12%;女生 172 人,占比 72.88%。大一学生有 74 人,大二学生有 60 人,大三学生有 58 人,大四学生有 44 人。第一志愿选择该专业的占 40.68%,调剂的占 19.50%,非第一志愿的占 33.05%,转专业成功的占 6.78%。

学生基本情况统计如表 5-1 所示。

表 5-1　基本信息统计

指标	性别		年级				专业志愿情况			
	男	女	大一	大二	大三	大四	第一志愿	调剂专业	非第一志愿	转专业成功
人数/人	64	172	74	60	58	44	96	46	78	16
占比/%	27.12	72.88	31.36	25.42	24.58	18.64	40.68	19.49	33.05	6.78

（二）测量问卷

企业场景化感知的测量至今没有完全的量表,但针对教学情境感知存在少数量表。陆根书划分了学生学习环境场景下的感知维度,包括课堂学习兴趣、满足感、互助合作、竞争性等[32]。郭建鹏则从学生对课堂教学环境中的教学目标、方式、评价、交流等方面的感知来进行维度划分[33]。武法提等[34]基于场景感知进行了学习者建模研究,将学习场景分为时间维度、空间维度、设备维度和事件维度。李利借鉴并修改《大学生英语混合学习教学情境感知及学习自评问卷》[2],将情境教学感知维度分为有效教学、互动与反馈、自主学习、认知投入、情感体验。这些研究就场景化感知的测量而言并不完全,内测维度无法体现学生在场景化教学中的真实表现。因此,本研究沿用 Lee & Jun[19] 的做法,对场景化下消费者感知量表进行修改,以适用于本研究的情境,从而更好地达到当前研究目标。本问卷中该变量具有 4 个题项,且内部一致性系数为 0.943,具有较好的测量学指标。

专业认同的测量采用了秦攀博所编制的《大学生专业认同问卷》。该问卷的变量维度符合本书所要研究的具身认知理论下学生场景化感知对专业认同的影响,并且该问卷经过相应实证研究,可信度高,可作为本研究的测量工具。根据本研究内容对量表做了适当修改,以保证符合当前研究。修改后总问卷内部一致性系数为 0.937,具有可靠性。

学习投入的测量引用了我国学者李西营等在 Schaufeli 的学习投入量表的基础上开发的符合中国国情的学习投入量表(UWES-S)[35]。该问卷主要从活力、奉献和专注三个维度进行测量,能充分体现出学生对学习的兴趣和认识到学习的意义。根据本研究内容对量表做了适当修改,以符合当前研究的需要。该变量内部一致性系数为 0.952,具有很好的测量学指标。

（三）调查设计

为保证所收集数据的准确性和可靠性,发放问卷时间选在学生课余或休息阶段,保证学生有足够的时间和耐心完成问卷的调查。整个问卷的长度经过测试确保能在八分钟内完成,并在问卷开始前清楚说明此问卷仅用于学术研究,不涉及个人隐私信息,会对相应个人信息保密。问卷调查是在学生参与实践课堂一段时间后再进行,避免了当时因兴奋和新奇而带有主观性,以上做法均为保证数据的可信度与有效性。

三、研究结果

(一)信效度分析

问卷一共有 32 个选项,其中,企业场景化感知包括四个选项,专业认同四个维度包括 16 个选项,学习投入包括九个选项。本研究采用 SPSS 25.0 统计软件对问卷数据进行信效度检验分析,以及平均提取方差(AVE)。表 5-2 结果显示,Cronbach α 信度系数为 0.962,表明所设计的问卷中每个因子变量之间存在高强度的相关性,内部一致性很好。KMO 系数为 0.914,表明该问卷适合做因子分析。各变量的平均提取方差均大于 0.500 的临界值,各个指标的 CR 值均在 0.700 以上,且各个指标的因子载荷均在 0.600 以上,各变量之间相关性均显著。由此可知,本研究变量测量的信度、聚合效度和区分效度均符合要求。

表 5-2 描述性统计分析

均值	标准方差	CR	1	2	3	4	5	6
企业场景化感知	3.9216	0.71063	0.943	0.8065				
认知性	3.9200	0.5800	0.851	0.496**	0.5910			
情感性	3.6900	0.8470	0.925	0.428**	0.724**	0.7561		
行为性	3.8200	0.6970	0.912	0.433**	0.668**	0.739**	0.7232	
适切性	3.6200	0.7810	0.922	0.431**	0.644**	0.759**	0.772**	0.7470
学习投入	3.7524	0.72182	0.952	0.376**	0.767**	0.636**	0.714**	0.785**	0.6890

注:* $p \leqslant 0.05$,** $p \leqslant 0.01$,矩阵对角线为各变量 AVE 的平方根,对角线下方为相关系数矩阵。

(二)数据的同源偏差检验

本书采用调查问卷对浙江工商大学旅游与城乡规划学院学生进行数据收集,可能存在潜在的同源偏差问题。为保证研究结论的可靠性,首先,在测量条目之外的问卷设置上,设计了多个反向语句,通过潜变量各测量条目间的反向语

句删除存在明显逻辑性问题的问卷。此外,可通过检验各潜变量之间的相关系
数来判断数据是否具有同源偏差,如果潜变量之间相关系数大于0.9,则表明数
据的同源偏差问题比较严重,如果小于0.9就在可接受范围之内。表5-2数据
显示,潜变量之间相关系数最大值为0.785,明显小于0.9,这表明调查问卷所得
数据质量较好,因此可进行下一步的数据分析。

(三)主效应检验

为验证企业场景化感知、学生专业认同及学习投入之间的关系并验证变量
与变量之间的假设路径,采用SPSS 25.0进行线性回归分析得到主效应结果,如
表5-3所示。在企业场景化感知对学生学习投入的影响中,企业场景化感知对
学习投入($\beta=0.376,p=0.000$)的正向影响均通过显著性检验,故假设H1成
立。在企业场景化感知对学生专业认同的影响中,企业场景化感知对专业认同
的正向影响通过显著性检验($\beta=0.498,p=0.000$),故假设H2成立;企业场景
化感知对认知性($\beta=0.496,p=0.000$)、情感性($\beta=0.428,p=0.000$)、行为性
($\beta=0.433,p=0.000$)、适切性($\beta=0.431,p=0.000$)具有正向显著影响,故假设
H2a、H2b、H2c、H2d均成立。在学生专业认同对学习投入的影响中,学生专业
认同对学习投入的正向影响通过显著性检验($\beta=0.767,p=0.000$),故假设H3
成立;学生认知性($\beta=0.579,p=0.000$)、情感性($\beta=0.636,p=0.000$)、行为性
($\beta=0.714,p=0.000$)、适切性($\beta=0.785,p=0.000$)对学习投入均具有正向显
著影响,故假设H3a、H3b、H3c、H3d均成立。

表5-3　主效应检验

假设路径	标准化路径系数	p值	结论
H1:企业场景化感知→学习投入	0.376	0.000	支持
H2:企业场景化感知→专业认同	0.498	0.000	支持
H2a:企业场景化感知→认知性	0.496	0.000	支持
H2b:企业场景化感知→情感性	0.428	0.000	支持
H2c:企业场景化感知→行为性	0.433	0.000	支持
H2d:企业场景化感知→适切性	0.431	0.000	支持
H3:专业认同→学习投入	0.767	0.000	支持

续　表

假设路径	标准化路径系数	p 值	结论
H3a:认知性→学习投入	0.579	0.000	支持
H3b:情感性→学习投入	0.636	0.000	支持
H3c:行为性→学习投入	0.714	0.000	支持
H3d:适切性→学习投入	0.785	0.000	支持

(四)中介效应检验

检验学生专业认同在企业场景化感知与学生学习投入度之间的中介作用,本研究采用温忠麟等[36]提出的中介效应检验方法,运用 SPSS 25.0 软件检验学生专业认同在酒店管理课堂中企业场景化感知与学生学习投入度之间的中介效应,并将性别、年级、专业志愿情况作为控制变量引入模型中。表 5-4 结果显示,企业场景化感知能够显著预测学生专业认同($a_1 = 0.498$,95% CI = [0.424, 0.669]),学生专业认同能显著预测学生学习投入($b_1 = 0.770$,95% CI = [0.752, 0.965])。在加入专业认同这一中介变量后,学生企业场景化感知对学习投入的作用不再显著($C' = -0.007$,95% CI = [-0.105, 0.089])。因此,大学生企业场景化感知对学习投入具有以学生专业认同为中介的完全中介效应。中介效应检验结果能验证前文所提出的 H4 假设,即大学生企业场景化感知对学习投入存在直接效应,且学生专业认同在二者的关系中存在完全中介效应。

表 5-4　中介效应检验

变量	M:专业认同			Y:学习投入		
	B	SE	95% CI	B	SE	95% CI
X:企业场景化感知	0.498	0.062	[0.424, 0.669]	-0.007	0.049	[-0.105, 0.089]
M:专业认同		0.770		0.054		[0.752, 0.965]
Su_1:性别	-0.085	0.095	[-0.311, 0.062]	-0.133	0.105	[-0.423, -0.009]
u_2:年级	0.214	0.037	[0.052, 0.200]	0.079	0.043	[-0.033, 0.135]
u_3:专业志愿	-0.321	0.040	[-0.285, -0.128]	-0.240	0.046	[-0.263, -0.083]
R^2		0.248			0.588	
F		77.013***			166.136***	

注:* $p \leqslant 0.05$,** $p \leqslant 0.01$,*** $p \leqslant 0.001$。

四、结论与讨论

(一)研究结论

本章通过对浙江工商大学旅游管理学院学生所参与的企业场景嵌入式创新课堂进行问卷调查以探究其内部影响机制。结果显示:企业场景化感知、学生专业认同和学习投入之间存在显著的正相关关系;学生专业认同作为中介变量能够表明在企业场景嵌入式创新课堂,学生对所参与集企业于一体的学习方式能让他们增强自我专业认同,从而提高自己的学习投入度。大学生在企业场景嵌入式课堂中场景化感知越高,对所学专业认同感就会越强,进而学习投入度就会越大,对培养该专业人才有正向显著的积极作用。

(二)理论贡献与实践启示

本研究的理论贡献主要在于以具身理论为基础,提出企业场景化的概念,创新了专业认同与学习投入之间的影响机制,解释了在企业介入式的旅游管理课堂中学生场景化感知的影响机理。近年来,各大高校高举教育改革旗帜,以学生为中心探求最优化的教学模式,有关如何提升学生的专业认同、激起学生学习兴趣、增强学生的学习投入度的研究也越来越多,并在有些方面也取得了高质量的研究成果。目前而言,"理论+实践"的教育模式越来越被青睐,而关于教育机制内的实践学习如何影响学生学习的研究却很少见。本书以教育实践内容为角度,以学生感知为落脚地,对参与浙江工商大学旅游管理所实施的企业场景化嵌入式课堂的学生进行问卷调查,得到企业场景介入式课堂的影响机制,为研究旅游管理课程教育创新模式提供了一条新思路。

企业场景嵌入式课程在一定程度上解决了管理类教学中长期存在的问题,具体而言:其一,解决了教学内容脱离实践的问题,让学生对知识实践性产生切身感受。在课程学习过程中融入"真案例",让理论与实践紧密衔接。其二,解决了酒店管理学科没有实际可操作的平台问题。在酒店实现"真实践",将策划方案在酒店平台实施。其三,解决了酒店管理教学中缺少名师指点的问题。学生的课程策划接受来自"真市场"的考验,企业领导、OTA、消费者等都会对策划项目给予反馈,形成完备的酒店管理应用型"工匠"人才培养模式,并总结了多条经验,可为兄弟院校同类专业或相近专业提供借鉴。

(三)研究不足与未来展望

关于企业场景嵌入式创新课堂的调查研究,提出了学生企业场景化感知对专业认同及学习投入的影响机制,不仅创新了学生学习投入的理论意义,也丰富了实践类教学的模式。但研究成果仍然存在着某些不足。

首先,企业场景嵌入课堂是笔者提出的不成熟的课堂实践概念,实践检验也只用于浙江工商大学旅游管理学院。本研究集中在浙江工商大学旅游管理学院学生上,有较大的局限性,希望未来可以扩大整个研究范围,推广结论。

其次,对于已经参与的企业场景嵌入式课堂的高年级学生而言,时间较为久远,在填写问卷时可能需要凭借记忆答问卷,数据的真实性会存在偏差。

最后,企业场景化感知的概念过于广泛,并没有细化到学生对企业场景里面的具体哪一部分的感知最为强烈,比如场景氛围的感知、场景内部环境的感知等。未来的研究需要考虑企业场景化感知下的不同维度在此机制中产生的影响,有针对性地优化企业场景嵌入式课堂模式,以更好地增强学生的专业认同度与学习投入度。

第六章　模式与流程设计

一、项目流程

(一)项目背景

学者研究发现当前高校的校企合作体制在模式和运行机制方面仍存在着亟待突破的困境,希望能探索出校企合作的可持续发展之路。目前,国外的案例教学已经相对比较成熟,而国内的案例研究尤其是旅游管理中酒店管理领域发展却相对滞后,缺乏实际案例去引导学生进行实操演练。尽管高校把"专业知识""实习实践"和"创新创业"三个课堂联动作为旅游管理创新人才培养的有效方式,但针对旅游研究生教学尤其是旅游管理教育这一学科的研究仍然较少。

旅游管理是一门理论与实践相结合的学科,学生不仅要掌握基本的理论知识,还要具备实际管理能力。基于企业场景嵌入的创新课堂可以将合作企业实际经营中遇到的问题带到课堂中来,充分调动学生参与操作、实践的积极性。互联网的使用打破了时空的限制,推进了现代化教学手段的普及,教师可利用文字、图像、声音等多种形式向学生传递信息,使得学生实战环节更为丰富生动,进一步深化校企之间的合作。同时,也要注重在课程中融入德育元素,构建创新的课堂教学体系。因此,"基于企业场景嵌入的创新课堂建设研究"项目的提出,是顺应借助互联网、大数据实现人才培养理念和方式的转变,而旅游管理课堂创新发展的趋势,对于深化校企合作,将校企合作的流程、标准、题库等打造成具有普遍意义的全国范围的校企合作样板有着重要的意义。

(二)项目意义

第一,有利于提高课堂教学效率、教学质量和教师素质。利用多媒体组织、实施酒店管理课堂教学的实践研究,可以切实提高学生的创新意识和实践能力,提升学生的自主学习能力,以适应未来社会发展的需要。在教的过程中,教师不断学习探索,整体优化教学思想、教学策略和教学方法等,提高自身的素质。

第二,有利于促进酒店管理理论教学与实践教学的结合。当前,酒店业纯理论的人才培养模式已远跟不上行业迅速发展下的人才要求,多媒体浸入式的创新课堂打破了传统的酒店管理课程教学模式,充分调动了学生的学习积极性、实践操作性,构建出课堂理论学习和实践操作相结合的特色教学模式,从而为酒店业培养出富有创新精神的复合型管理人才。

总之,该项目能够改革现有的旅游管理研究生课堂,使得专业教学与实践教学相结合,在培养学生的实际作业能力、创新能力的同时,还可进一步融合高校的理论教学优势与旅游企业的实践场景优势,创造性地在企业介入的背景下把知识传授与实践教学融合为一体,创新课堂教学体系,对于提高旅游管理研究生思想政治素养和实践素养,缓解业内高级人才供需矛盾,实现行业长足发展有着十分重要的意义。

(三)项目目标

第一,培养学生的社会责任意识。企业社会责任感,是指企业对待社会的一种责任和态度,是企业所面临的社会责任。学生作为未来的管理者和研究人员,通过参与企业的经营活动可理解任何一家中国企业都不是以赢利为自己的最高使命,相反,它们以服务社会、造福人类、改变生活等的崇高使命为自己企业文化的核心。同时,责任感并不仅仅是企业的事情,企业的所有事情最终都要落实到每个员工身上,使命感是员工前进的永恒动力。

第二,培养学生理论联系实际的科学思维方式。理论联系实际是马克思主义的重要理论品质,也是一种根本思想方法。该项目坚持以实践为主导的原则,将企业介入的场景作为关键,把理论转化为思想方法,并保持理论向实践的动态开放性,突出问题导向,以辩证思维为指南。让学生明白理论联系实际的目的,参与探讨理论联系实际的方法论,增强其理论联系实际工作的主动性、自觉性。

第三,培养学生的创新意识。在培养过程中,要求研究生制订一定的目标任务,提出新理论、新构想或发明新技术、新产品,从而提高他们创造性地解决问题的能力。让他们选择企业的研究课题并参与相关的科研活动,使其在整个科研活动中发现问题并采取有效的方法解决问题。同时,注重培养研究生的信息加工能力、动手操作能力、创新技术的运用能力、创新成果的表现能力及物化能力等,进而提高其创新能力。

第四,培养学生良好的职业道德观。企业介入背景下的"体验",可以让学生通过实践来认识周围的事物,体验职业道德行为,培养职业情感。在社会实践中有意识的体验,使得学生了解社会、了解职业、了解自我、熟悉职业、体验职业、陶冶职业情感,对职业产生正义感、热爱、义务感、主人翁意识、荣誉感和幸福感等情感。

通过进一步深化和完善项目合作方式,致力于在项目的流程、指导方式、组织构架、课堂标准、课题评价和应用等标准化的基础上,打造成具有普遍意义的全国范围的研究生课堂教学创新和校企合作的样板,在培养管理类学生的实际作业能力、创新能力的同时,进一步融合高校的理论教学优势与旅游企业的实践场景优势。在企业介入背景下进行知识传授,同时也要注重课程中的政治信仰、理想信念、价值理念、道德情操、精神追求、科学思维等德育元素的培养。

(四)项目简介

在酒店管理课程教学中基于企业场景嵌入的创新课堂模式。

第一,学校积极协助教师与学生在使用多种媒体上的沟通,使基本的多种教学媒体能充分合理地运用到酒店管理课程的教学中,便于课堂教学的开展和后期实践评估的检验。

第二,校内教师借助企业实际案例进行教学,包括:①收集有助于教学的企业案例信息资料,增加学科课堂的信息容量。②利用各种多媒体来丰富酒店管理理论教学内容,解答学生的疑惑。③在课堂讲解中,应注重结合案例导入行业的实际情况,为后期学生的企业实践模拟打下基础。

第三,企业在学生实践的不同阶段不断地介入和提供帮助:一是企业导入市场的真实问题,并对学生小组的完成情况提出修改建议,使得学生思路逐渐成熟和贴合实际;二是企业再提出更综合性的产品设计问题,对于学生小组的分阶段汇报及最终方案由多方评判;三是企业选择经过相关网站的实际投放和用户检验的最佳方案进一步投放产品,检验最终效果,使得学生有更深的思考。

第四,学生适应新的学习及考核方式,并会运用信息技术手段自主学习和实践。如:尽可能多地去涉猎课外的知识来满足其解决问题的需要;适应非卷面考核形式的创新课堂考核,更加注重知识的实践应用;借助网络平台进行实践练习,进行小组的团队的合作和配合、实现理论与实践相结合的学习模式。

完善"理论＋实践"的教学模式,培养学生自主学习、实践探索与创新的能力,提高酒店管理课程的教学质量。尽可能地协调课程改革实施执行过程中与传统培养方案产生的矛盾,平衡新型教学方法与学生日常学习习惯的关系,以期将现有的数据库及实习基地资源效益最大化,让师生在教学改革的创新课堂中共同成长。

二、组织构架

项目的完成需要学校、企业的高级管理人员及行业的相关专家等进行多方合作,对学生进行全方位的价值理论的引导和实际问题解决能力的锻炼。

学校需要充分利用专业建设以来的优秀资源,与企业如杭州开元名都大酒店合作构建企业浸入式课堂,以真实的酒店经营项目为载体,以专业管理人才为培养目标,深度开发专业教学实践,实现"双导师、双场所、全方位"的场景式教学。

企业高级管理人员结合日常经营过程中的案例,针对学生的课堂理论学习提出真实的市场问题,由学生组成小组共同完成,整个过程主要由企业高层指导。这对学生来说是一个不断否定、肯定、修改的过程,学生的思路将慢慢地由幼稚变为成熟和贴近实际。

学生小组在企业高层的指导下,最终形成的方案将接受由企业高层、旅游管理部门和互联网企业代表组成的评委的评判,最终胜出的方案将被投放市场进一步接受消费者的检验。

企业浸入式课堂教学将理论、教学、实践、执行完美地融合在一起,围绕着教学实践中的专题策划展开,不仅有学院的教师的指导,还会获得来自企业的高管、旅游业相关专家的指点,既培养了学生扎根现实的研究调查能力,又锻炼了学生的方案策划能力、团队合作能力,还要求学生具备大气、自信的表现力。

三、指导方式

校内组织的学习依靠课堂授课教师的理论传授,讲透相关的知识理论,形成基础的理论框架;实务导师则结合案例引入真实的酒店企业经营管理案例,用切实的案例来激发学生的积极思考,实现学科艰涩的理论知识更好地被吸收和运用。课堂的理论和案例学习能够帮助学生提出问题,引导学生自主收集课外资料并运用所学知识来讨论案例,产生思维火花。

企业的高层管理人员将教学过程放置在企业的场景下,让学生真实地去策划解决酒店企业的经营管理项目,学生需要通过实地考察和数据采集来解决问题,结合真实案例的区位背景、市场趋势、企业特点等确定方案内容。每个学生都能在教学过程中各自发挥自身的创造力和团队执行力来实践。

四、课堂标准

此次课堂改革打破了以往单纯由教师评价学生的测评体系,极大地丰富了课程的评价标准,如图 6-1 所示。一方面,校内的指导教师参考学生在校内课堂上的学习效果,针对学生的表现做出评价;另一方面,企业的高级管理人员在教学中提出企业经营中遇到的真实问题,针对学生小组合作、讨论、策划的方案不断地提出建议和修改意见,将学生在此过程中的表现作为日常案例学习锻炼成绩的一部分。

在课程的最后阶段,企业高层、旅游管理部门和互联网企业代表共同组成小组,作为评委来对学生小组的方案进行评判。他们将结合以往旅游管理实际的经营管理经验,强调"立足市场、开拓创新",从经营者的角度来评判学生们的小组作业,并选出最佳方案。通过与杭州开元名都大酒店、马蜂窝 APP 等企业的项目合作,将学生设计的产品真正投放市场,让消费者来评价和选择,这同样作为学生最终成绩的一部分。

也就是说,学生整个课程的成绩将通过校内的授课教师、企业的高级管理人员甚至是真实市场上消费者等多方的评判来形成。它是一种非卷面考核形式的创新课堂考核,更加注重知识的实践应用,也对学生主动学习知识的能力、对考核形式改革的适应力及在解决实践问题的创新力等提出了更高的要求。企业的

教学成果市场投放

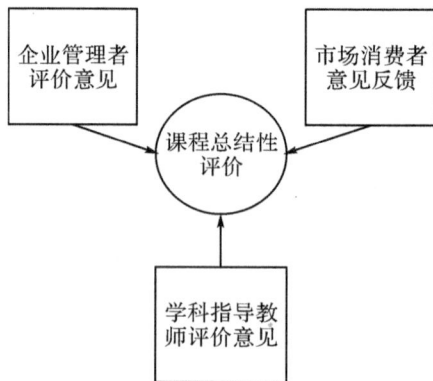

图 6-1 课堂标准的评价机制

介入,真实案例的学习改变了学习成果单一的评价体系,实现了多方位的考核评判,构建了来自指导教师、企业专家、市场反馈三方的综合性评价机制。教师的评判给予了理论知识的解答;企业专家的参与是行业对人才标准的选择;市场的结果让学生更能直观地了解市场需要什么,使其学习更能贴近真实情境,得到的评判更加客观、更具实用性。

　　评价标准:一个好的旅游项目方案需要根据 SWOT[①] 分析的结果,建立项目的实施框架,主要内容包括项目的目标、具体策划及实施控制的介绍。其中,具体策划是主要内容,会涉及项目人力资源、组织结构、市场营销、财务管理等方面。此外,在项目策划中,更要依据STP 理论[②]确定好目标市场,有针对性地设计特色产品。STP 理论的根本要义就是选择确定目标的消费者或客户,或称市场定位理论。根据 STP 理论,市场是一个综合体,是多层次、多元化的消费需求的集合体,任何企业都无法满足所有消费者的需求,企业应该根据不同需求、

---

　　① SWOT 分别代表:Strengths(优势)、Weakness(劣势)、Opportunities(机遇)、Threats(威胁)。

　　② STP 理论是指企业在一定的市场细分的基础上,确定自己的目标市场,最后把产品或股份定位在目标市场中的确定位置上。STP 分别代表:Segmentation(市场细分)、Targeting(选择适当的市场目标)、Positioning(定位)。

购买力等因素把市场分为由相似需求构成的消费群,即若干子市场,这就是市场细分。企业可以根据自身战略和产品情况从子市场中选取有一定规模和发展前景,并且符合公司发展目标和能力的细分市场作为公司的目标市场。随后,企业需要将产品定位在目标消费者的偏好上,并通过一系列营销活动向目标消费者传达这一定位信息,让他们注意到品牌,并感知到这就是他们所需要的。这些都将是学生需要考虑到的,以及评判专家所注重的。

1. 环境分析

环境剖析需要用 SWOT 剖析结构来阐述,不一样的项目面对的环境不一样。

外部环境剖析需触及微观环境和工业环境的介绍,其中,微观环境需要触及政治、经济、文明、社会、天然、技能等方面,而工业环境需涉及竞争对手、消费者、商品、价格、途径、促销方法等。

内部环境剖析需涉及对公司和项目进行剖析。公司剖析要考虑公司的实力、才能和资本的现状等。项目剖析则需要考虑项目的本身特色等。

经过内外环境的剖析,在此基础上进行综合的 SWOT 剖析,从而找出在各种环境组合下的项目计划拟定的根据。此外,与内外部环境剖析相关联的还有项目商场细分、目标商场挑选和定位剖析,内外环境剖析是项目定位和推广战略拟定的基础。

2. 营销方案分析

根据项目战略计划剖析,进行详细推广计划策划。学会合理运用 4P 理论[①],对产品的推广营销制订合适的策略。

若触及市场查询,则需对查询办法和查询定论进行介绍。在此基础上,再给出详细的推广理念与推广目标,以及针对市场竞争情况而进行的商品、报价、途径和促销战略规划。其中,促销战略最好集中在推广主题规划与传达、广告创意与制作、媒体组织与挑选、促销东西挑选和战略规划上。

---

① 4P 理论是一种营销理论,即 Product(产品)、Price(价格)、Place(渠道)、Promotion(推广)。

3.项目财务分析

项目财务分析涉及项目财务管理的各个层面,有项目预算、成本控制、融资分析的内容,也有项目财务预测和风险管理的内容。对于所有项目来说,都要对项目的盈利能力和投资回报进行估算。此外,对于涉及融资的项目策划,要注重项目风险的分析。

项目财务分析可以通过现金预算表、利润表、资产负债表等进行介绍。

4.组织结构分析

对涉及项目实施环节的项目策划书来说,应有必要的组织结构设计。组织结构设计一般与人力资源管理结合在一起,具体包括项目组织结构分析、组织结构设计、团队建设、岗位职责分工、预测需求人数、组织招聘等。

5.进度控制分析

对于涉及项目管理的项目策划书,需要编制项目方案,并规划进展操控的根本战略。项目方案和进展操控通常都采用特定的时刻分期,分阶段设定各种方针,以保证项目准时、按质地完结。其中,进展操控剖析主要包含进展操控、质量操控和费用操控三个方面。

五、课题评价

项目研究历时两年,项目组的教师以项目内容为载体,在酒店管理课程教学实践的创新课堂形式中不断地摸索并及时总结经验和想法,形成课程策略。让学生站在战略的高度,研究相关的理论和管理方法,解决理论和实践的融合问题,鼓励学生深入实践找问题,在解决企业实际问题中接受检验。

1.教学模式发生重大变革

(1)实现了教学课堂模式的创新和理论与实践相结合

在酒店管理的教学中,我们与杭州开元名都大酒店、马蜂窝 APP 等合作,借助自媒体的功能,实现了企业场景嵌入式课堂。

企业场景嵌入式课堂是采用"真案例·真实践·真市场"的产学结合模式实

现专业教学与企业实践深度融合目标,立足培养满足酒店业中高层管理岗位要求、能够快速适应工作环境并有潜力快速成长为酒店行业精英的中高层次管理人才。企业场景嵌入式课堂以旅游管理研究生为受众对象,对其培养方案内酒店专业课程的课堂教学模式进行改革,创新性地采用以策划为导向的实践。让研究生在学习了专业的理论的基础上,开展落地实践活动,过程中还实现了院校与企业之间的有机衔接。

真案例:在课堂理论教学的基础上引入真实的酒店企业经营管理案例,用切实的案例来激发学生的积极思考,进而更好地吸收学科艰涩的理论知识。并在教学过程中通过案例向学生提出问题,揭示企业真实经营过程中存在的矛盾,引导学生自主收集课外资料讨论案例,进行观点碰撞。

真实践:将教学过程放在企业的场景下,让学生真实地去策划解决酒店企业的经营管理项目问题,学生需要通过实地考察和数据采集来解决问题,方案内容要结合真实案例的区位背景、市场趋势、企业特点等,每个学生都能在教学过程中发挥自身的创造力和团队执行力来实践。

真市场:让策划的方案得到市场的检验是最真实的反馈,学生的思想能和市场更加贴合。学生的每一个方案都能得到企业高层的专业点评,都能接受到来自市场竞争的考验。这个课程平台上,每个学生除了能得到甄别和选拔,更多的是得到发展和激励。

(2)形成了完整的课程设计

企业场景嵌入式课程一定程度上解决了管理类教学中长期存在的问题:其一,解决了教学内容脱离实践的问题,让学生产生对知识实践性的切身感受,让理论与实践紧密衔接。其二,解决了酒店管理学科没有实际可操作的平台问题,如今将策划方案在酒店平台实施。其三,改善了酒店管理教学中缺少名师指点的现状。学生的课程策划作业接受来自市场的真实检验,企业领导、OTA、用户等都会对策划项目给予反馈。它与一般的课堂教学或实习不同,学生的学习内容会更加生动,实践参与环节更加丰富,教育指导更加全面,课程评价更加全面。

第一,课堂讲授,授课老师讲透相关理论,实务导师结合案例导入行业情况。

第二,田野调查,学生在相关企业做实际调查,参加企业的具体运营会议,体会运作过程。

第三,导入企业真实市场问题,由学生组成小组完成,整个过程主要由企业高层指导,是一个不断地被否定、肯定、修改的过程,学生的思路慢慢由幼稚变为成熟和贴近实际。

第四,企业提出更综合性的产品设计问题,由不同的小组分阶段汇报,形成方案。

第五,由企业高层、旅游管理部门和互联网企业代表组成评委,对不同小组的方案进行评判。

第六,最后方案在相关网站上发布,由消费者选择、评价,接受市场的第一次检验。

第七,企业在前面的基础上采纳最佳方案,投放产品,检验最终效果,所有小组分享最终结果,反馈、反思和总结。

(3)丰富了课程的评价标准

此次课堂的改革打破了以往单纯由教师评价学生的测评体系,极大地丰富了课程的评价标准,不仅需要参考学生在校内课堂上的学习效果,也需要根据由企业高层、旅游管理部门和互联网企业代表形成的共同学生小组的方案进行评判的成绩,以及最终通过与杭州开元名都大酒店、马蜂窝 APP 等企业的合作将产品投放市场,接受消费者的真实评价,来综合得出学生的最终成绩。

2. 教师素养得以提升

实施两年的实践与研究,使得教师的认识和教学水平都得到了一定的提高,并取得了一定的成果。企业场景嵌入式课堂,转变了教师的教学理念,促进了教师专业知识的发展,也使酒店管理课程内容更具有丰富性,除此之外也增强了教师的科研比赛兴趣,同样教师的参与度上升也会带来更优异的成果,教师的获奖成就数量也翻了一番,以一学年为单位计算,从原来的 12 项上升至 26 项。

目前,相关酒店管理课程包括"酒店管理概论""酒店经营模拟""酒店与商业地产投资""旅游接待业"等均采用了企业浸入式的课堂教学,"理论+实践案例"组合的教学模式使得学生可以进行实地实践与锻炼,深刻接触到酒店业的市场经营模式,取得了非常可观的教学效果,受到了一致好评。

近年来,学院教师已撰写了多篇教育教学论文,并获有一定比例的省级、市级奖项,上了上百节项目研究实验课。其中,"酒店经营模拟"课程采用与平台模拟的创新模式进入课堂,让学生在实地实践之前进一步加强对理论的学习和运用;"基于企业场景嵌入的创新课堂建设——产教研深度融合的酒店课程改革实践"获批浙江省教育厅浙江省高等教育"十三五"第二批教学改革项目。

通过项目研究,教师们更加重视课堂教学和企业平台的联系与结合,对酒店管理课程教学的价值观和优课观有了新的定位,对自身教学中存在的问题有了清楚的认识。促进了教师的专业发展,提升了他们的教学理论水平和教学科研创新能力,形成了一流的现代化教师队伍。结合课改实践,教师开始勤于总结,不断反思,撰写了许多有质量的课题论文、随笔反思,教师的课堂实践能力得到了进一步发展。

3. 学生综合能力得到提高

对切实参与杭州开元名都大酒店训练营、体会到企业浸入式课堂教学的学生进行访谈,得到以下的结论。

(1)学习模式的改变提高了学生的学习和应用知识的能力

在课程教学和酒店管理实践中,学生在教师的带领、指导下,把学到的书本知识运用到真实酒店场景的实践之中,不仅能接收来自市场的真实反馈,还能获得酒店高层的指导,从而加深对知识的理解,提高应用知识和解决实际问题的能力。相较于课堂中偏重理论的教学模式,这次项目以解决实际问题为核心,更能调动学生积极性,弥补了原本课堂中缺乏实战经验的短板。

(2)学习模式的改变激发了学生的职业精神与社会责任感

学生表示,训练营的学习让其在实践中更深刻地理解了理论,并学会将所学知识运用于实践,运用于社会服务中。酒店管理层和员工的敬业,加深了其对职业道德和责任心的具象理解,引领他们对敬业精神有着更深感悟。

(3)学习模式的改变培养了学生的创新精神与研究乐趣

学生提到,杭州开元名都大酒店与学校合作的场景化教学激发了其创造、创新的愿望和热情,激励他们在真实的酒店场景实践中不断探索、不断创新,而这种创新意识、创新能力的培养正是其想在大学的酒店课程中得到的。实践表明,我院学生在"创新创业""互联网十"等科技竞赛类项目中均取得了优异的成绩,在从校级到省级的比赛中都有收获,其中获科技竞赛奖约21项,学生创新创业项目立项两项。

4. 形成较大的行业和社会影响力

产教融合课堂培养模式让行业内众多企业家、实务导师、旅游创业公司、旅游互联网平台看到了学生的风采，其教学成果得到了旅游行业多方资深业者的高度评价，如此一来，一方面学生得到了企业家、名师们的传经送宝，另一方面也向业界展示了浙江工商大学旅游与城乡规划学院旅游管理专业学生的优秀水平和专业素养，给潜在用人单位留下了深刻印象。

与杭州开元名都大酒店、四季酒店集团、凯宾斯基酒店集团等企业达成的课程教学合作，为企业输送了多批次的人才。毕业生质量与能力深受业界好评，《中国旅游报》称浙江工商大学旅游与城乡规划学院的教学模式为"企业与学校教育完美融合的样板"。

中国报道网报道了浙江工商大学旅游与城乡规划学院学生参加法国世界名校红酒品鉴俱乐部举办的"左岸杯"品鉴大赛，杭州明珠电视台报道了浙江工商大学旅游与城乡规划学院酒店专业特色专业教学建设情况，酒店高参报道浙江工商大学旅游与城乡规划学院校企合作模式对酒店行业管理人才发展困境突破的贡献，一点资讯报道浙江工商大学旅游与城乡规划学院创新课堂在酒店行业管理人才发展困境突破，等等。

5. 研究存在的问题

(1)项目实施范围较小，需要进一步推广检验

目前存在的一个主要问题是规模还不够大，还没有将教学改革以样板化的方式加以推广，优秀教学改革项目难以最大程度地发挥其在实际教学过程中的指导作用。我们应将改革项目的流程、指导方式、组织构架、课堂标准、课题评价和应用等进一步标准化，打造成具有普遍意义的教学样板，在本科生的更多的专业课堂中进行教学检验，甚至能在全国范围内应用推广。

(2)合作方资源有待拓展

由于项目开展和实践的时间有限，很多企业的真实市场问题和产品设计的方案等没能很好地被用于学生小组的实践课堂中。因此，不仅需要企业的高级管理人员丰富题库应用，还需要学校拓展资源，与更多的企业达成合作，充分借助不同平台来对学生的最终方案进行评价和落地的检验，满足不同企业的人才社会需求，培养学生扎根行业的研究和创新能力。

（3）课堂教学内容彼此衔接不够流畅

尽管此项目强调校内导师的理论教学和实务导师的案例分析和思考相结合，但大部分教师受到传统教学观念的影响，在教学过程中会更侧重知识的呈现，并且彼此之间的教学内容可能衔接得不够流畅。教师在教学过程中，不仅要传授好专业知识，也要积极打造实践锻炼的学习氛围，及时更新教学课件等，提前与企业高层管理人员就学生的培养方案和内容进行沟通与安排，让企业场景浸入式课堂优势充分发挥出来。

六、应 用

目前，我们基于企业场景嵌入的创新课堂仅面向研究生，通过一系列课程的传授和实践的锻炼，研究生在学习理论知识和实践案例锻炼中对所学专业的真实市场发展有了更深刻的认识，增强了专业认同感，培养了责任心和爱岗敬业的精神。学生的创新精神与实践能力的显著提高也使得我们专业的竞赛获奖硕果累累；教师对于与企业平台合作的创新课堂形式有了更多的认识和思考，撰写了多篇教育教学论文，上了上百节项目研究实验课。因此，将企业浸入式课堂教学的形式进一步向本科生推广是有价值的。目前本研究只应用于旅游管理类研究生，每届 25 人左右。一旦应用于本科生，我校每年将有约 450 名本科生、70 名留学生人受益。

此外，企业浸入式课堂的创新模式不仅局限于旅游管理专业的教学，而且对学科教学有"理论＋实践"需求的课堂都可以引入此种模式。如若此模式能在其他学科中得以推广，甚至在全国范围内应用，将会惠及更多的学生。

同样地，项目应用中提供平台和案例教学指导的企业应进一步与学校达成合作，共创利益共同体，为培养相关专业的精英人才提供适合的平台，亦是为今后企业的长远发展谋利益。

第七章　教学实践及标准化

一、课程设置

基于企业场景嵌入的创新课堂的建设不是空中楼阁,相较于传统课堂局限于教室的形式,创新课堂更重于理论的应用和实践问题的解决,它同样需要学生学习大量理论基础知识,在掌握基本的知识工具的前提下进而发挥学生的主观能动性和创造力以进入企业锻炼。

理论方面的课程在较大程度上遵循学校以往的教学安排,但是对教师的课程传授提出较高的创新要求,要求教师在教授课本理论知识的前提下同样重视实际案例的分析讲解,将学生思维从死记硬背转向灵活分析运用,为后期进入企业的实践应用接轨,使得学生在面对真实企业案例时不至于无从下手或毫无思路。

学生完成正常学期的理论课程学习后,可以自主选择短学期的企业精英培训,由企业方主导校内导师参与,以小组形式完成一系列关于企业真实问题的调研和方案设计,将课堂上的理论充分地融会贯通并落脚于实地。

二、学分学时设置

校内学习按照学校以往课堂安排的设置不做较大变动,依旧根据课堂专业相关度及学校教学的调度安排设置相应合理的学分、学时,实施弹性学制。

一般来说,每学年采用"18＋18＋4"的学期模式,即"秋季学期18周＋春季学期18周＋夏季短学期4周"。秋季学期、春季学期各16周用于课堂教学,两周用于安排考核。短学期从春季学期结束后开始计四周,其中前三周为教学周,第四周为考核周。

三、课程内容展示

以杭州开元名都大酒店企业场景嵌入式经营训练营为例,选取课程中综合考核优胜组的课程作业进行展示,让不同小组的学生在一次次作业汇报中有所收获,体会课程设计的独到之处,感受学校和企业双方为学生培育人才而尽心尽力的共同意愿。

我们选取城市行动派和HorizomTeam两支队伍作为例子。

(一)田野调查及汇报展示

企业方布置的第一次作业:对杭州市旅游市场现状进行分析,希望学生通过实地调研,亲身走进所学专业的真实市场,了解企业的运作模式。由于这是第一次实践作业,企业方的导师要求学生先完成实地调研报告,针对学生的完成情况提出修改建议和问题思考,再由学生做PPT的汇报展示。在汇报展示之前,导师在报告的批注里细心地提示学生汇报的重点,充分考虑到学生的需求。

HorizonTeam队伍的学生选取"杭州四五星级酒店"进行调研并汇报展示。

如图7-1所示,学生从整体情况、经营数据、市场定位和客源渠道四个方面进行了调研汇报,利用大数据针对杭州四、五星级酒店的市场占比份额和杭州各区的分布进行概括,并分别展示了杭州四、五星级酒店2014—2016年的Revpar、平均房价和出租率三项数据,最终选取杭州千禧度假酒店、杭州城中香格里拉大酒店和杭州索菲特西湖大酒店进行实地的走访调查,并做SWOT分析。以学生调研的杭州千禧度假酒店为例,图7-2至图7-5展示了学生的调研结果。

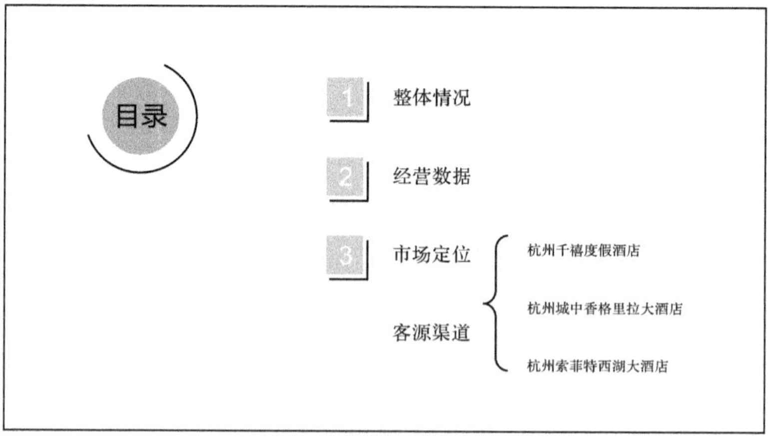

图 7-1　HorizonTeam 小组汇报目录

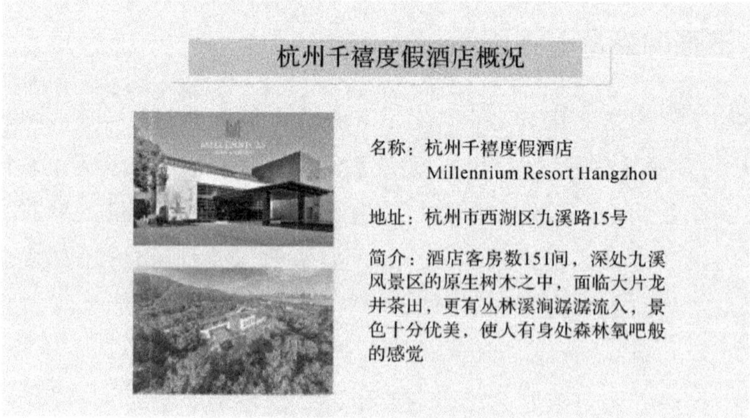

目录
1 整体情况
2 经营数据
3 市场定位　客源渠道
杭州千禧度假酒店
杭州城中香格里拉大酒店
杭州索菲特西湖大酒店

图 7-2　HorizonTeam 汇报酒店概况

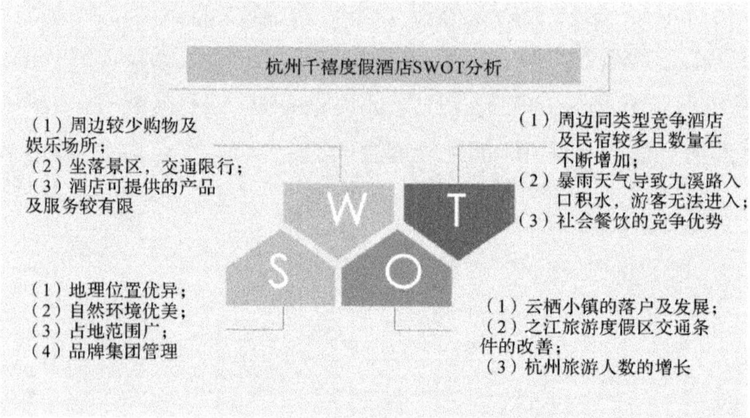

杭州千禧度假酒店概况

名称：杭州千禧度假酒店　Millennium Resort Hangzhou

地址：杭州市西湖区九溪路15号

简介：酒店客房数151间，深处九溪风景区的原生树木之中，面临大片龙井茶田，更有丛林溪涧潺潺流入，景色十分优美，使人有身处森林氧吧般的感觉

图 7-3　HorizonTeam 汇报酒店 SWOT

杭州千禧度假酒店SWOT分析

（1）周边较少购物及娱乐场所；
（2）坐落景区，交通限行；
（3）酒店可提供的产品及服务较有限

（1）周边同类型竞争酒店及民宿较多且数量在不断增加；
（2）暴雨天气导致九溪路入口积水，游客无法进入；
（3）社会餐饮的竞争优势

（1）地理位置优异；
（2）自然环境优美；
（3）占地范围广；
（4）品牌集团管理

（1）云栖小镇的落户及发展；
（2）之江旅游度假区交通条件的改善；
（3）杭州旅游人数的增长

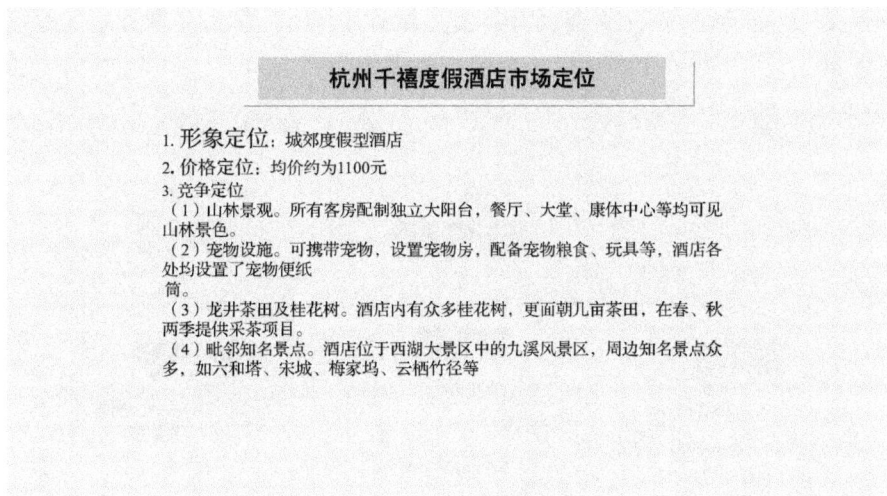

杭州千禧度假酒店市场定位

1. **形象定位**：城郊度假型酒店

2. **价格定位**：均价约为1100元

3. **竞争定位**
（1）山林景观。所有客房配制独立大阳台，餐厅、大堂、康体中心等均可见山林景色。
（2）宠物设施。可携带宠物，设置宠物房，配备宠物粮食、玩具等，酒店各处均设置了宠物便纸筒。
（3）龙井茶田及桂花树。酒店内有众多桂花树，更面朝几亩茶田，在春、秋两季均提供采茶项目。
（4）毗邻知名景点。酒店位于西湖大景区中的九溪风景区，周边知名景点众多，如六和塔、宋城、梅家坞、云栖竹径等

图 7-4　HorizonTeam 汇报酒店市场定位

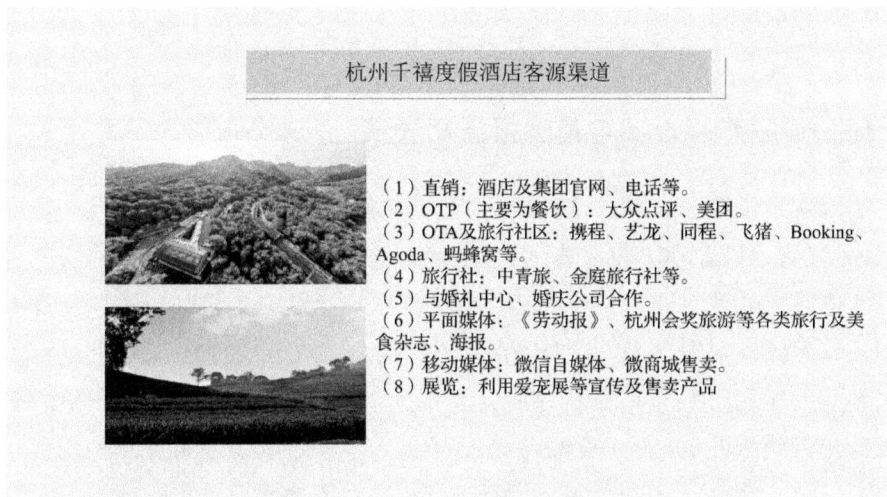

杭州千禧度假酒店客源渠道

（1）直销：酒店及集团官网、电话等。
（2）OTP（主要为餐饮）：大众点评、美团。
（3）OTA及旅行社区：携程、艺龙、同程、飞猪、Booking、Agoda、蚂蜂窝等。
（4）旅行社：中青旅、金庭旅行社等。
（5）与婚礼中心、婚庆公司合作。
（6）平面媒体：《劳动报》、杭州会奖旅游等各类旅行及美食杂志、海报。
（7）移动媒体：微信自媒体、微商城售卖。
（8）展览：利用爱宠展等宣传及售卖产品

图 7-5　HorizonTeam 汇报酒店客源渠道

由图 7-2 至图 7-5 可知，学生选取的各种资料图片体现了酒店的位置周边环境等特色，展示了酒店性质、客房间数等关键字眼，总体描述较为简洁生动，并辅以 SWOT 分析，在酒店的市场定位和客源渠道方面加入了自我的分析总结，体现了其思考和概括的能力。在汇报展示时，讲解者也陈述了选取这四家酒店走访的原因。总体来说，学生较为完整出色地完成了第一次作业的汇报。

该组学生还将小组内的分工清晰简练地展示出来。由图 7-6 可知，学生在

数据收集、酒店走访、数据整理、材料汇总、制作 PPT 等方面有着合理的分工和调研思路,有利于培养和锻炼学生的团体合作能力。

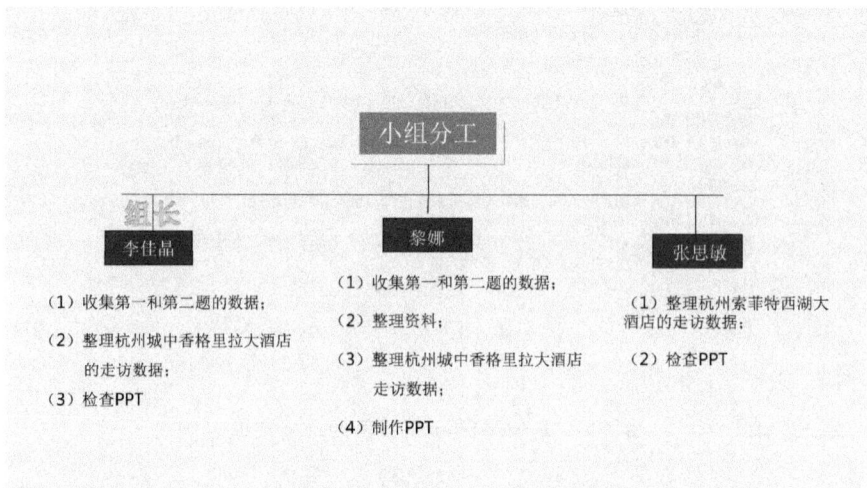

图 7-6　HorizonTeam 小组分工

(二)酒店产品设计与营销报告初尝试

学生在经过第一次的实地调研后,对高星酒店的运作模式有了一定程度的了解,尽管认识可能还比较浅显,但学生都表示,相较于书面的资料文字,亲身的接触和访谈使他们对酒店行业的认识更为深刻。企业方的导师也从学生身上看到了认真积极的学习态度,在对学生调研汇报给予充分肯定的基础上布置了第二次作业的主题,即:依托于杭州开元名都大酒店,尽量全面地完成一份酒店产品设计与营销报告,结合企业的特点、市场定位、客源市场等来设计和规划一条新的酒店旅游产品,提供推广营销和成本预算,并考虑旅游推广的效益。

相较于第一次作业,第二次作业对学生来说挑战不小,既要结合企业的实际经营情况和市场定位,又要有新的创意和设计,同时还要具有一定的城市文化推广背景意图,小组内的分工和规划更不可缺少。HorizonTeam 成员选择从老年旅游市场入手,进行产品的设计和营销推广。

企业方的导师首先收到了该小组提供的产品设计和营销方案大纲的 PDF 版本,对学生设计的产品有了初步的了解。为了帮助学生更好地完成汇报展示,针对学生列出的大纲提出了一些建议:

第一,希望小组同学将产品研发设计的分析过程和思路进行披露。

第二,汇报需要体现出所设计产品的文化背景;

HorizonTeam 的成员充分采纳企业导师的建议后,进一步完善了汇报内容。

HorizonTeam 的汇报是从目标市场分析、旅游环境分析、酒店概况、产品开发、推广方案及财务分析这六个部分来进行展示的。

1.目标市场分析

(1)老年市场的概况

国家统计局公布的数据显示,截止到 2014 年底,中国 60 岁以上的老人占到总人口的 15.5%,总人口数达到 2.12 亿人。据联合国统计,到 2050 年 60 岁以上人口将超过 5 亿人,这意味着老年旅游市场具有广阔的发展前景。旅游逐渐成为丰富老年人生活的重要方式之一。

(2)老年市场旅游的现状分析

从老年旅游人群的地区分布来看,老年人游客主要分布在中国东部的发达地区。从老年人外出旅游的条件及旅游的收入来看,老年人有外出旅游的需求,老年人较为常见的需求就是欢乐的需求、休养的需求,因此,休闲度假是老年人喜欢的方式之一。

(3)老年旅游产品的需求

①老年旅游市场需求旺盛。统计预测显示,我国人口老龄化进程呈现明显加快的趋势。老龄化程度超过 30%。从这一发展情况来看,我国老年的旅游市场有着巨大的发展空间。

②老年旅游产品潜在需求巨大。我国老年人出游意愿越来越高。全国老龄委一项调查显示,目前我国每年老年人旅游人数已经占到全国旅游总人数 20% 以上。

因此,可以开发老年特色旅游产品。

2.旅游环境分析

(1)自然环境:杭州市是省会城市,是经济、文化和科教中心,是长江三角洲中心城市,是重要的风景旅游城市,还是国家首批历史文化名城。同时,杭州市属于亚热带季风气候,一年四季,气候适宜。

(2)文化环境:杭州市是华夏文明的发祥地、中国著名的七大古都之一,以"东南名郡"著称。

（3）社会环境：杭州市政府对老年产业扶持力度大，如《浙江省老龄事业发展"十三五"规划》明确提出要"丰富老年人精神文化生活"。老年特色文化活动广泛开展，老年文化队伍不断壮大，老年文化产业快速发展。

（4）经济环境：2016年杭州市经济总量居全国省会城市第四，获评"全球52个最值得到访的旅游目的地"之一，连续13年蝉联"中国最具幸福感城市"桂冠。

2017年杭州旅游统计公报显示，杭州市累计接待中外游客16286.63万人次，实现旅游总收入3041.34亿元，城市定位转为国际旅游休闲中心。杭州市在不断加强"旅游资源与新产品、新线路的整合"，以推动旅游业的蓬勃发展。

如图7-7所示，该小组还对杭州市的文化进行归纳分类，总结列出杭州市不同的文化特色。

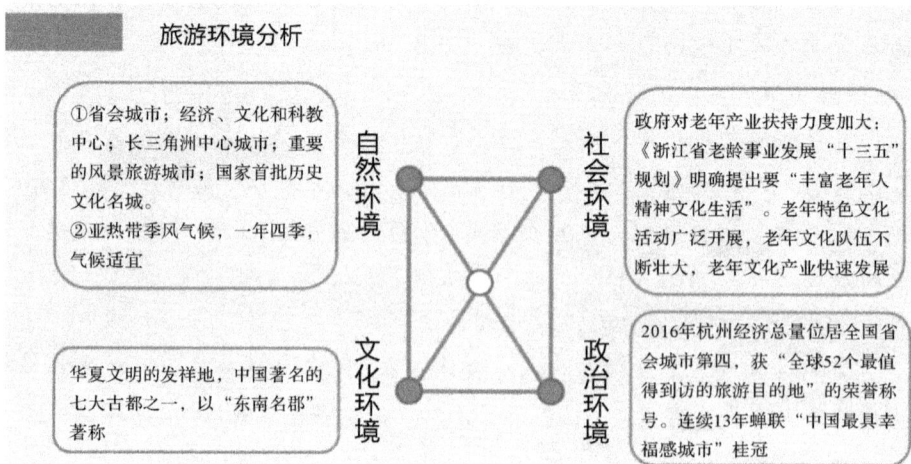

旅游环境分析

①省会城市；经济、文化和科教中心；长三角洲中心城市；重要的风景旅游城市；国家首批历史文化名城。
②亚热带季风气候，一年四季，气候适宜

自然环境　社会环境
文化环境　政治环境

政府对老年产业扶持力度加大；《浙江省老龄事业发展"十三五"规划》明确提出要"丰富老年人精神文化生活"。老年特色文化活动广泛开展，老年文化队伍不断壮大，老年文化产业快速发展

华夏文明的发祥地，中国著名的七大古都之一，以"东南名郡"著称

2016年杭州经济总量位居全国省会城市第四，获"全球52个最值得到访的旅游目的地"的荣誉称号。连续13年蝉联"中国最具幸福感城市"桂冠

图 7-7　杭州的旅游环境分析——杭州文化

3. 酒店概况

（1）基本情况

杭州开元名都大酒店为"中国饭店业集团五强"之一的开元酒店集团的旗舰酒店，以47层、218米的高度耸立天宇。酒店已获得"中国饭店金星奖""中国酒店金枕头奖""十大最受欢迎商务酒店"等重要奖项。酒店正对杭州市萧山区政府，临近国家级经济开发区。酒店2.5千米范围内拥有多个大型购物超级市场。

（2）区位优势

杭州开元名都大酒店位于萧山区中央商务区。彩虹快速路、机场高速及沪

杭甬高速等多条快速道路通入；距杭州萧山机场仅 18 千米，距杭州城站火车站仅 20 分钟车程，西湖风景区等杭州最具盛名的名胜古迹均在半个小时车程之内，最近的杭州南站预计今年十月通车。

（3）市场分析

HorizonTeam 对杭州开元名都大酒店展开了市场分析，如图 7-8 所示。

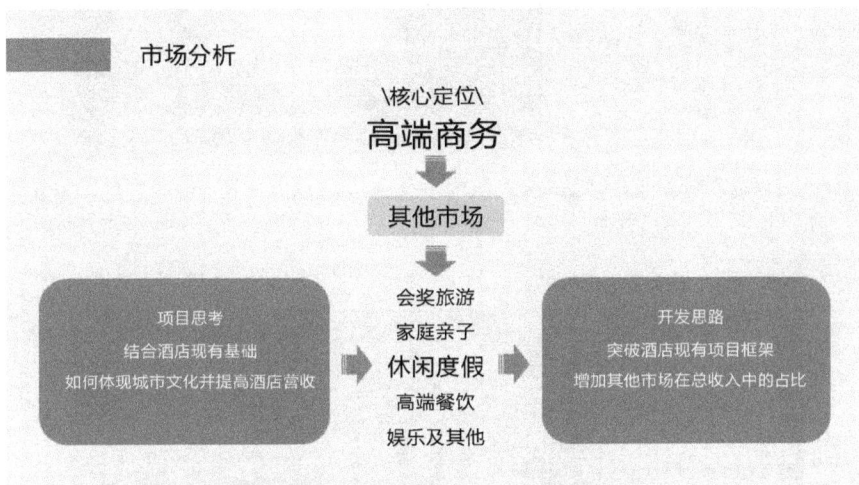

图 7-8　杭州开元名都大酒店的市场分析

选取了天逸房、大师下午茶、江南宴、"开元春茶×阅读"四个产品进行介绍，如图 7-9 至图 7-12 所示。

图 7-9　天逸房的介绍

酒店现有相关产品

大师下午茶

特色：国礼峰会茶器彰显杭州茶文化
大师下午茶所用之茶器盖碗正是徐尧
林老师为G20峰会国宴设计作品——
《杭州的声音》中的一件。此外，中
美领导人漫步西湖，凉亭品茗，西湖
茶叙，所用盖碗即为同样来自大师徐
尧林团队的同款作品。

图 7-10　大师下午茶的介绍

酒店现有相关产品

江南宴

几张青莲称桌宴，一把罗扇
显江南。金灿灿的夏天之外
是同样栩栩如生的春秋冬，
开元江南宴将杭州城市文化
巧妙的渗透进酒店产品中

图 7-11　江南宴的介绍

4、酒店现有相关产品

开元春茶X阅读

八十年手艺的老师傅，源产地的鲜嫩茶叶，在酒店大堂炒制，香意
曼妙，期间翻开一本有趣的书籍，在恬然宁静之间感受人生安逸。

图 7-12　"开元春茶×阅读"的介绍

4. 产品开发(三天两夜)

案例分析:选取重庆大足开元观堂一价全包套餐(两天一晚)进行学习分析。

案例:重庆大足开元观堂一价全包套餐(两天一晚)

在套餐所含项目外,酒店更有多类体验项目以供客人选择,如山城流动美食摊、山城糍粑、糖画、外出欣赏石刻等都将重庆山城特色巧妙的融入酒店产品中,产品既包含酒店内体验环节,也含城市观光环节,保证顾客游览舒适性的同时也能在两天一夜内尽可能的感受重庆之特色,而此产品更是将酒店的文化特色展现的淋漓尽致

图 7-13 案例分析

接下来详细介绍 HorizonTeam 自我设计的产品内容。

客房——天逸房:

1. 与《杭州日报》合作,寻找 1955—2018 年间每年有意义的《杭州日报》,根据提前获知的客人生日信息,放置客人出生日时刊发的报纸(或受条件限制,放置当月或当年的大事报纸,绝版或稀少的采取旧纸张复印)。

2. 与王星记合作,减少客房欢迎礼的水果分量,增添王星记开元定制丝绸扇子一把,扇子上的元素能体现杭州城市文化。将开元定制版"杭州风情"丝绸,作为伴手礼赠予客人,同时可购买。

第一天(客人到店)

中餐——四季轩点餐

下午活动——心灵禅修大师下午茶(茶文化、禅文化、香熏文化)

地点:二楼廊吧

特点:在茶香禅乐的色香味触中让心灵平静,把心打开。

形式:利用现有"大师下午茶",配以"杭州声音"的音乐,并让客人亲自动手制作焚香。

备注:(1)大师下午茶融合 G20 文化与杭州茶文化;(2)杭州声音,灵感来自 2018 年 2 月发行的杭州 G20 宣传片,声音来自杭州的各个景点,如流水声、竹林声、寺庙禅修声、沏茶声等;(3)焚香,酒店批量采购香木和焚香炉,放置在试行的部分茶座中央,客人可以自制香炉,并带回客房使用。对廊吧的其他客人而言,这也是一种具有特色的装饰和宣传。

晚餐——素食

地点:四季轩中餐厅

特点:开元斋菜午宴以精致的素食与佛事礼仪,和缘客分享素食之至味,喜悦自在。以正宗斋菜传达佛家的饮食礼仪和对食客的祝福,传达自在、清净、禅意、吉祥的佛事文化和灵隐文化。

晚上活动——自由活动,酒店内健身或钱江新城夜游。

第二天

早餐——杭州特色半自助餐地点:地中海咖啡厅

特色:摒弃自助餐的形式,设置两款早餐供客人选择,水果等自助。(杭州西湖庐驿早餐)

图 7-14 两款早餐形式

上午到下午活动——线路打卡游或自行安排

描述:根据多条线路选择,请客人在到达每个景点后拍照打卡,完成整条线路后,赠送自助晚餐券一张(仅提供线路选择,其他费用自理)。

（1）杭州开元名都大酒店（杭州老牌酒店）—云栖竹径（杭州自然风光）—梅家坞（感受茶文化和杭州当地家常菜）—天竺＋法喜寺＋灵隐（三选一，寺庙文化）—杭州开元名都大酒店

（2）湘湖风景区（自然风光、休闲度假）—杭州国际博览中心（G20文化）—钱江新城·城市阳台（钱塘江文化）

不同节日，可以附加节日特色，如六一儿童节，给每个人赠送一条红领巾；端午节则挂香囊。

晚餐——养生小火锅（可点餐）

地点：四季轩中餐厅

特点：利用潮汕地区常用药膳，开发中草药养生餐，采用小火锅形式，底料是药材，每种草药配以文字说明。

晚上活动（二选一）——SPA或体检（团队预订）

SPA地点：杭州开元名都大酒店SPA

体检：与酒店周边的体检机构合作，为需要的顾客提供体检服务。

第三天（客人离店）

早餐——杭州特色早餐地点：地中海咖啡厅

特色：摒弃自助餐的形式，设置两款早餐供客人选择，水果等自助。

上午（二选一）——插花/书法

插花地点：大堂一角

与花艺公司合作，将酒店所用插花的制作向客人真实地展示，在大堂吧设置插花台并提供花束、插花容器购买服务，客人可观看花束制作过程或者在花艺师的指导下制作花束。

书法：客房或外出

（1）酒店可在客房、行政酒廊提供笔墨纸砚，让客人重温传统书法，修身养性、陶冶情操。

（2）书法融合产品设想：书法文化鉴赏体验课程

萧山区书法协会成员带领老年客人走进萧山文化中心，组织观看讲解现场书法展览，并给在场的老年书法爱好者上一堂生动有趣的书法创作课，体验活动结束后返回酒店。

5. 推广方案

（1）线上营销

①酒店或集团官方公众号：定期推送宣传，拼购商城推出三天两夜产品套餐。

②OTA：杭州开元名都大酒店官网、携程、美团、去哪儿等平台推出套餐产品（在营销服务中使用电视、报纸、广播、杂志、互联网、电影院、户外七大媒介作为载体的营销服务为线上营销）。

（2）线下营销

线下营销服务主要采用店面管理、促销活动、终端销售团队管理、活动公关、会议会展、促销品营销等手段为客户提供"一对一"的品牌宣传、产品助销服务。

①与高端旅行社、小众私人定制旅行社合作。

②社群推广：以高品质银发游定位为基础，与上海、江苏等地禅学院、书法协会等一些兴趣组织、旅游协会、商会或高端养老院合作，基于"网络社群营销"，销售人员可加入这些网络群体，在适当的时机向客户宣传品牌、推广产品，或通过线下宣传品推广产品信息。

（3）口碑营销

口碑营销是指在品牌建立过程中，通过客户间的相互交流将自己的产品信息或者品牌传播开来。家人、朋友、亲戚、偶像等强关系传递的信息更容易让人相信，借别人的嘴或者行为说出自家产品的好，以此进行品牌推广而获取客户。

例如，已经购买或体验此套餐产品的客人推荐亲戚、朋友来体验酒店产品，可享受酒店指定产品的优惠价或获赠酒店产品。

（4）内部营销

①借助开元集团推广：根据营销推广策划中的销售延续性特点，在开元旗下各大酒店和旅游公司的产品推广中适当加入本产品信息来带动产品的销售，并且制订奖励措施来激励员工销售产品。

②酒店住客推广：一方面，在产品宣传时加强"子女心意"的传递，向酒店的中年住店客人推广此产品；另一方面，针对酒店的中老年住客大力推广，提供代金券及环节体验等，激励其再次消费。

（5）激励消费方案

①在激励初次消费时，为降低消费者风险意识，在推广前期，为住店的高消费老年人群提供本产品的部分项目体验活动。

②为激励再次消费,在客人体验产品的各个过程中,积极向客人传递产品的积极意义,加强"养生、健康、杭州城市文化"的宣传。

③为带动相关产品的销售,在本产品的各个项目体验环节中积极加入其他产品信息,如"王星记"扇子、丝绸及其他开元现有产品信息。

6.财务分析

(1)定价

①两人预订基本费用(欢迎礼成本取高价计算)

$11.585×2+50+298+188×2+85×2×2+420+298×2+80×2=3711.17(元)$

最终门市价——3888元

优惠价——3588元(9.2折)

②三人预订基本费用(欢迎礼成本取高价计算)

$11.585×3+50+298+150$(下午茶多加一位)$+188×3+85×3×2+420+298×3+80×3+200×2$(加床)$=5008.75(元)$

最终门市价——5288(元)

优惠价——4888(元)(9.2折)

(2)销售预期

①参考案例——西安开元名都大酒店三天两晚套餐(三天两晚+双早×2+自助晚餐×2+兵马俑与华清池套票×2)价格1888元,2018年5月15日起售,26天已售55份。

②根据杭州市的旅游市场现状,中高端老年旅游吸引力较强;结合杭州开元名都大酒店的特性。

虽然定位为商务酒店,但酒店提供的服务是全方位的,客源结构也比较复杂,不乏老年客人。故结合以上两点,最终做出的销售预期为前期阶段,每月销售量为28份,实现收入约为115000元,除去推广费用收入约为112480元。

(三)不断修正,实战锻炼

企业导师对学生的产品设计给予详尽的评价和反馈。企业导师并不急于让学生立即去进一步完善产品设计和推广方案,而是先让学生对自己的作业进行几点思考和修正：第一，定位不明确，未考虑客户来源和广告投放市场；第二，产品缺乏，纪念品不具有吸引游客前来的特色；第三，半自助实施的可能性和目标客户；第四，旅游跟拍与老年游的适配性；第五，许多名词没有深化，如故事营销、OTA 营销；第六，禅修、焚香在杭州名都是否具有相应的优势；第七，产品设计未用 4P 理论，缺乏同类产品的竞争性。同时，导师还发现学生的作业存在一些普遍问题：未仔细审题，产品设计的汇报没有涉及杭州的城市形象；没有对杭州开元名都大酒店的局限性进行全面分析；选择了自己不熟悉的目标市场和客户群；等等。

因此，在此基础上，企业导师给学生布置了更为纵向的作业，以问题指引学生思考，希望学生能抓住杭州的特色来进行杭州城市印象推广方案的设计，深入挖掘杭州这座城市的旅游文化优势，并充分考虑杭州开元名都大酒店的核心住宿点，可以只列出大致的提纲，但更重要的是学生之间要多讨论交流，更熟知杭州的旅游优势，进行深度学习和理解，并深入调研。

HorizonTeam 以杭州 2022 年第 19 届亚运会为契机展示杭州形象，在此基础上策划相关旅游产品。选取萧山区中心酒店——杭州开元名都大酒店为核心住宿点和文化体验地，对三天两夜的异地游客进行城市文化推广。以下是学生作业的大纲。

"杭州印象"城市推广方案

G20 峰会效益日渐退化，故以杭州 2022 年第 19 届亚运会为契机展示杭州"国际重要的旅游休闲中心"形象，体现"绿色亚运，智能杭州"特色。在此基础上策划了相关旅游产品，为杭州城市旅游推广建言献策。

项目选取萧山区中心酒店——"杭州开元名都大酒店"为核心住宿点和文化体验地，依托此酒店在杭州市长久的发展基础和完善的服务配备，对三天两夜异地旅客进行城市文化推广。本选址一方面积极发挥萧山在杭州大都市旅游核心区中的联动作用，另一方面则借助其地理位置及"华东商务会议旅游首选目的地、长三角著名休闲旅游目的地"的定位满足项目多功能集聚发展的需求。

民以食为天，饮食是反映地方特色及文化的重要因素。本方案以杭州开元名都大酒店推出的"江南宴"为主打产品，在技巧精湛、口味精美、服务专业的基础上突出江南高端宴席文化,通过增强就餐氛围、完善就餐环节等方式进一步展示杭州城市特色,旨在打造杭州高端宴席名片。

辅助活动分为酒店内体验环节及酒店外体验环节:酒店内体验环节以"文化体验,人文江南"为主题,具体以茶文化体验、江南饮食、运动养生、江南艺术品品鉴等元素呈现,足不出户感受杭州人文魅力;酒店外体验环节以"休闲旅游,文明杭州"为主题,感受从奥体到西湖的场景化转变,是一条由运动休闲转为观光旅游、由现代文明走向历史遗存、由动到静、由大众深入小众的综合特色旅游线路。

整个项目集旅游观光、都市休闲、文化创意、娱乐体验、会议会展、养生度假等多功能于一体,定位高端,涉及杭州现代文明、自然山水及文化底蕴等多种因素,综合体现杭州旅游休闲中心的城市形象。

为发挥项目辐射范围,提升知名度,对其进行大范围推广。

方案前期以传统推广为主,例如以多语言版本视频形式快速进入国际大众视野:以杭州人物故事为基础进行现代化展示或改编(类似《明朝那些事儿》的创新表现形式),融入"杭州声音"城市推广短片,增加不同元素——"杭州质感""杭州气息""杭州精神"等,拍摄全新"杭州印象"系列纪录短片集合,发布在用户活跃度较高的视频网站及电视频道,如 Facebook、推特、INS、抖音、快手、微博、浙江卫视等。诸如许仙白娘子的前世今生、苏东坡在杭州、民国演绎等,以现代 3D 技术及另类拍摄视角再续杭州故事。

在策划的基础上,利用自媒体传播、纸质媒体宣传、电视广播宣传之外,借助杭州即将开展的各大国内及国际活动(如世界游泳锦标赛、亚运会),在其宣传方案中增添项目元素,或以此为噱头制造营销热点。

一、项目背景

(一)杭州城市旅游发展目标

以供给侧结构性改革为引擎,发挥优势,补齐短板,着力推进"优化全域化旅游休闲空间、拓展全领域产业融合体系、打造国际化旅游龙头产品、丰富全域化休闲产品体系、升级旅游休闲业要素体系、构建国际化品质公共服务体系、完善国际化营销推广体系、推进全域化智慧旅游平台"八大举措,充分发挥旅游休闲业作为"杭州市重要的战略性支柱产业和人民群众更加满意的现代服务业"的带动引领作用,努力将杭州市打造成名副其实的"国际重要的旅游休闲中心"。重点建设"三大示范",即国家全域旅游示范城市、中国旅游国际化示范城市、中国首选会奖旅游示范城市。

（二）杭州城市旅游发展战略

1. 旅游全域化战略

全面深化旅游全域化战略。进一步强化中心城区的旅游辐射带动作用,围绕商务会展、乡村休闲、运动养生等主题,带动萧山区、余杭区、富阳区等近郊区旅游产业快速发展;同时,加强城乡区域统筹,深度挖掘西部四县(市)丰富的山水、湖泊、乡村、文化等资源,丰富产品结构、完善产业系统、构建产业集群,形成城乡区域发展一体化新格局,成功创建"国家全域旅游示范城市"。

2. 旅游国际化战略

持续推进旅游国际化战略。紧密围绕杭州城市国际化战略的要求,切实有效地推进杭州旅游国际化进程,当好城市国际化建设的排头兵和战略突破口。制订并实施杭州第四轮旅游国际化行动计划,围绕产品国际化、营销国际化、服务国际化、功能国际化和管理国际化目标,加快旅游国际化进程,实现杭州从"国内旅游目的地"向"国际旅游目的地"转变,全力将杭州打造为中国旅游国际化示范城市。

3. 战略支撑

（1）旅游智慧化

以智慧旅游为主题,引导杭州智慧旅游城市建设,尤其在智慧服务、智慧管理和智慧营销三方面加强旅游资源、产品的开发和整合,以信息化促进旅游业向现代服务业转变,努力提升旅行社、旅游景区(点)、旅游酒店等旅游企业的现代科技管理水平和服务水平,创新发展模式,推动"十三五"期间杭州旅游业又好又快地发展。

（2）旅游品质化

顺应杭州市建设"品质生活之城"的目标,实施旅游品质化战略。从"休闲环境"建设向"休闲氛围"营造转变,从"服务游客"向"服务全民"转变,通过全域化、国际化两大战略引导,最终实现杭州旅游品质化提升,使杭州市成为具有国际水准的、智慧引领的全域休闲度假型城市,使杭州旅游业真正成为人民群众满意的现代服务业。

（三）杭州市旅游发展环境

1.发展机遇

（1）国家战略强扶持。

（2）重大赛会新平台。

（3）国民生活新需求。

（4）互联网应用新趋势。

（5）过境免签新政策。

（6）乡村旅游新规划。

2.发展挑战

（1）如何全方位提升杭州旅游休闲业国际化程度？

（2）如何进一步推进旅游休闲全域化？

（3）如何加快实现旅游规模高位增长和产品转型升级？

（四）杭州市旅游空间格局

构建"一核两极、两轴两带、全域发展"的大杭州旅游休闲空间格局。

1.一核：都市旅游休闲核。

2.两极：千岛湖休闲度假增长极，浙西山地旅游增长极。

3.两轴："三江两岸"生态旅游发展轴，杭徽高速旅游发展轴。

4.两带：大运河文化旅游休闲带，南北山水联动旅游带。

5.全域发展：通过陆路、水路、生态慢行系统等串联旅游景区、休闲度假旅游区、旅游集聚区、旅游小镇等，增强各级旅游网络辐射功能，实现杭州旅游全域网络化，构建旅游全域覆盖的空间新格局。

二、项目定位

（一）杭州市城市旅游定位——国际重要的旅游休闲中心

（二）杭州市产业转型升级

以"龙头带动、特色引领、差异互补、提档升级"为原则，由观光游览为主向观光游览、休闲度假、文化体验、商务会展"四位一体"转型，打造生态休闲、文化休闲、商务休闲、运动休闲、养生休闲五大类旅游休闲产品体系。

（三）萧山区旅游定位

华东商务会议旅游首选目的地、长三角著名休闲旅游目的地"会议会展旅游、国际峰会主会场"两大方向联动发展。实施"旅游南进"战略,打造湘湖度假休闲板块、东部航坞文化休闲板块、南部山体生态养生休闲板块,以及钱江 MICE 集聚区、湘湖国家级旅游度假区、空港园区免税购物旅游区、商务会奖、休闲度假、乡村旅游。

（四）客群定位

根据百度指数搜索"杭州旅游"等相关关键词,分析得知杭州旅游的一级市场为上海、浙江省内城市,二级市场为北京、苏州、南京,三级市场为广州、郑州等距离较远城市。

（五）项目定位

集旅游观光、都市休闲、文化创意、娱乐体验、会议会展、养生度假等多功能于一体的综合高端旅游项目。

三、项目策划

1. 酒店内体验环节——文化体验,人文江南
2. 酒店外体验环节——休闲旅游,文明杭州

四、运营推广

（1）全节事营销

采取节庆营销、事件营销、产品营销三大方式,由国际重大节事引爆,由国内节事实时造势。重视 PPP 模式在营销中的运用,政府、企业合作,最大化营销项目的市场价值,保障大型节事的顺利推进。

（2）全媒体营销

推进以互联网为载体,线上旅游 OTA 和线下旅游企业融合互动,B2B 电商合作平台、B2C 产业营销平台、OTA 电商合作模式的建设。

深度利用海外新媒体（Facebook、Twitter、LinkedIN、Google plus 等）和国内新媒体（微信、微博、微电影、移动终端等）的专有账号进行信息共享、事件推广、话题引爆,增加杭州旅游品牌的曝光率。

完善传统媒体包括电视广播、报纸杂志、户外广告的宣传推广活动,加大全国投放量和推广度;挖掘国际传统媒体的合作机会,特别是韩国、日本、美国等主要入境客源市场的主流媒体,例如与 *Lonelyplanet* 等国外旅游杂志、出版社合作,出版杭州旅游系列书籍,在国外主要门面书店或亚马逊等网店销售。与传统媒体建立更为紧密的联系,扩大

国际旅游市场。

（3）全市场营销

①国际市场营销。国际旅游市场是杭州"十三五"时期的重点开发市场。围绕世界级旅游名片，"Living Water,Hangzhou!""Leisure Business, Hangzhou!""Living Creativity,Hangzhou!"等旅游宣传口号，针对中国港澳台、东南亚、东北亚、欧美市场，采取电视广播、户外广告、旅行社推介、全网络宣传、境外旅游企业宣传等多种方式组合营销。

②国内市场营销。针对观光客群主要为珠三角、京津冀等沿海发达地区，以及西北、东北、西南等远程市场，采取电视广播、报纸杂志、户外广告、全网络宣传等多种方式组合营销模式。

③长三角协同营销。"十三五"期间，杭黄高铁的开通必将加速推进长三角地区核心城市"两小时"交通圈的形成。杭州市作为长三角旅游一体化发展的中心城市之一，需要进一步转变观念，树立长三角大旅游目的地观念，在统一产品、智慧营销等方面创新跨越发展。统一旅游产品与线路整合发展。依托发达交通串联长三角地区特色旅游资源，形成一批系列化、特色化的长三角旅游精品。

（4）最终考核，市场检验

从上次作业可以看出，学生充分吸纳了企业导师的指导建议，认识到城市旅游推广方案不一定全是销售，也可通过大型活动推介会、杭州亚运会、G20杭州峰会、拍视频（如西溪湿地非诚勿扰宣传片）等方式制造热点，因此HorizonTeam的学生便选择从G20杭州峰会入手，发掘杭州这座城市的魅力。企业导师也在这次作业上看到了学生思维方式的转变，能够更加全面地发掘事物的特点，也较为全面地分析了优劣所在，因此教师趁热打铁进一步提出了作业，此次作业将作为本次课程的最后一次考核，并会把学生的产品投放在马蜂窝以接受真实市场的检验。

以下是HorizonTeam的作业展示："全民亚运，人文杭州——城市推广方案。"

HorizonTeam的汇报一开始就让评委导师们眼前一亮，利用PPT的播放模式简洁有力地介绍了小组成员的信息和各自的特点，并成功引入主题，从项目背景、项目定位、项目策划和推广运营这四个方面来进行展示介绍。

　　项目背景落脚于杭州这座城市的旅游发展,从战略和规划方面进行了专业分析,并进行客源市场的研究展示。图7-15至图7-27是HorizonTeam的具体展示结果。

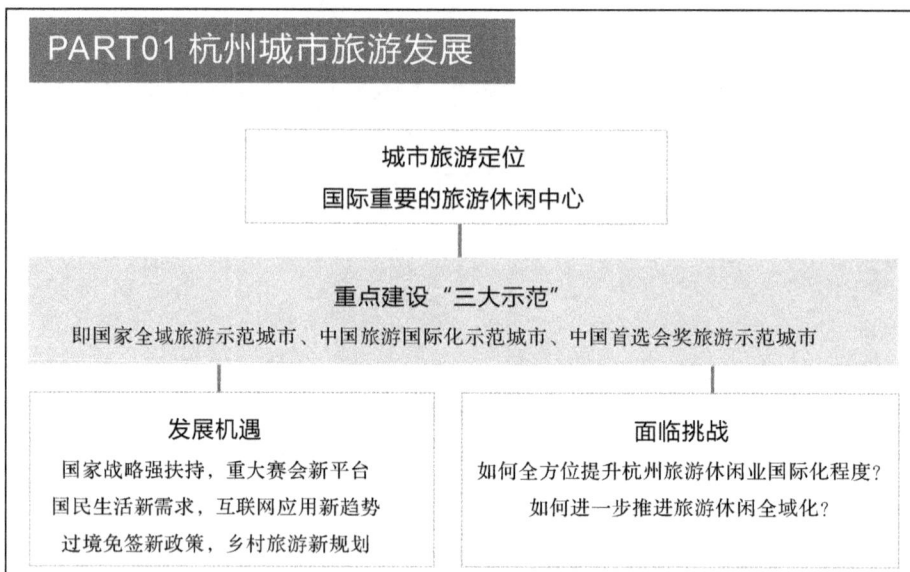

PART01 杭州城市旅游发展

城市旅游定位
国际重要的旅游休闲中心

重点建设"三大示范"
即国家全域旅游示范城市、中国旅游国际化示范城市、中国首选会奖旅游示范城市

发展机遇
国家战略强扶持,重大赛会新平台
国民生活新需求,互联网应用新趋势
过境免签新政策,乡村旅游新规划

面临挑战
如何全方位提升杭州旅游休闲业国际化程度?
如何进一步推进旅游休闲全域化?

图 7-15　杭州城市旅游发展分析

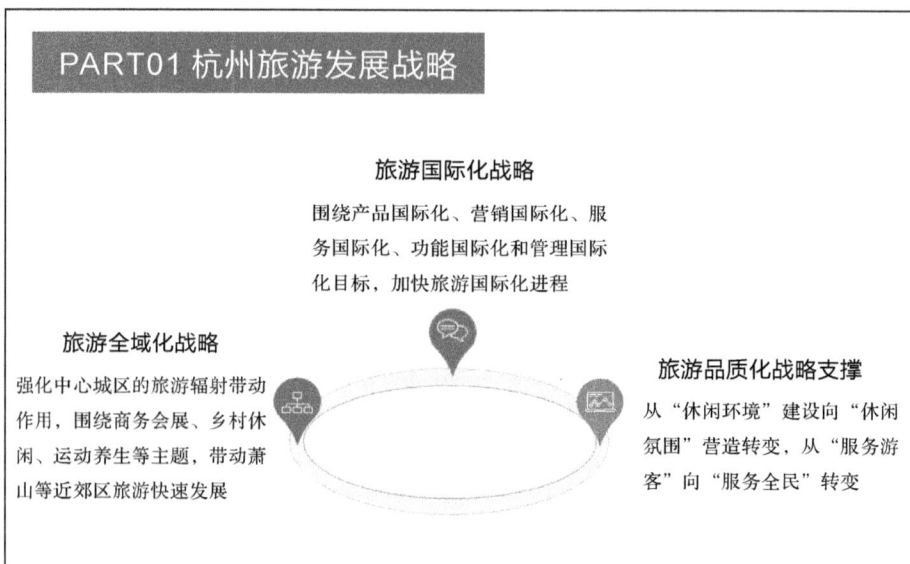

PART01 杭州旅游发展战略

旅游国际化战略
围绕产品国际化、营销国际化、服务国际化、功能国际化和管理国际化目标,加快旅游国际化进程

旅游全域化战略
强化中心城区的旅游辐射带动作用,围绕商务会展、乡村休闲、运动养生等主题,带动萧山等近郊区旅游快速发展

旅游品质化战略支撑
从"休闲环境"建设向"休闲氛围"营造转变,从"服务游客"向"服务全民"转变

图 7-16　杭州旅游发展战略

PART01 杭州旅游市场现状

　　《2017年杭州旅游统计公报》数据显示，2017年杭州市累计接待中外游客16286.63万人次，实现旅游总收入3041.34亿元，分别比上一年**增长15.84%和18.26%**。杭州受G20峰会效益影响，**旅游经济效益增长显著，各项指标同步增长**。

　　随着杭州定位为国际旅游休闲中心以及亚运会的利好政策，预期到2020年，年均接待国内游客将达18000万人次，旅游收入3600亿元。杭州旅游业前景广阔，充满机遇。

图 7-17　杭州旅游市场现状

　　学生基于以上项目背景的分析展示，提出了两个问题："如何利用杭州现有资源打造世界级文创产品？""如何打造世界级文创产品，实现'服务全民'？"目标是发挥杭州亚运会对旅游的促进作用，借助前亚运时代为杭州旅游发展提供支持。

　　项目定位是基于杭州市的亚运契机，选择南京市和广州市两地进行案例分析以供学习和借鉴。

PART02 亚运契机

第19届亚洲运动会

时间：2023年9月23日—10月8日

举办城市：杭州

亚运村选址：萧山区钱江世纪城

亚运会不仅是促进城市基础设施升级的一个机遇，而且在文化效应方面，将成为杭州又一大"名片"，其对于宣传城市形象、增强文化交流都有着不可估量的影响，在促进旅游发展上也将发挥其重要的作用

图 7-18　杭州的亚运契机

南京青奥会:青奥会带动南京旅游发展,12天吸引游客超300万人次,共有32家酒店直接参与了特定客户群体的高要求、高规格接待。这些接待酒店的软硬件服务水平全面提高,特别是外语、餐饮、网络环境等方面提升显著。一些旅行社、导游和讲解员也参与了一线接待,提升了服务质量。

青奥会后,南京抢抓"后青奥"的历史机遇,利用青奥场馆、城市休闲公园,开展体育休闲旅游,涉及南京奥林匹克体育中心、浦口青奥体育公园、紫金山体育公园等。重点打造特色体验旅游产品,利用南京丰富的水体旅游资源,创新水上游览项目,丰富游轮、游艇等旅游产品。

广州亚运会:广州市抓住机遇,利用举办"两个亚运"的契机,充分发挥广州的区域优势、旅游资源优势和产业优势,大力提升广州旅游形象和旅游产业水平,取得了形象、效益双丰收。广州亚运会"捧红"了不少广州景点,"引爆"了广州旅游市场。

"新广州游"线路丰富,各具特色,为广州市民及各地游客提供了丰盛的旅游大餐,让游客以全新的视角认识广州、了解广州。"新广州游"的代表线路有以"新广州城中轴线""亚运场馆游""广府文化""珠江画廊"为主题的"亚运广州游"系列、"广州美食一天游"和"亚运观赛团"等。

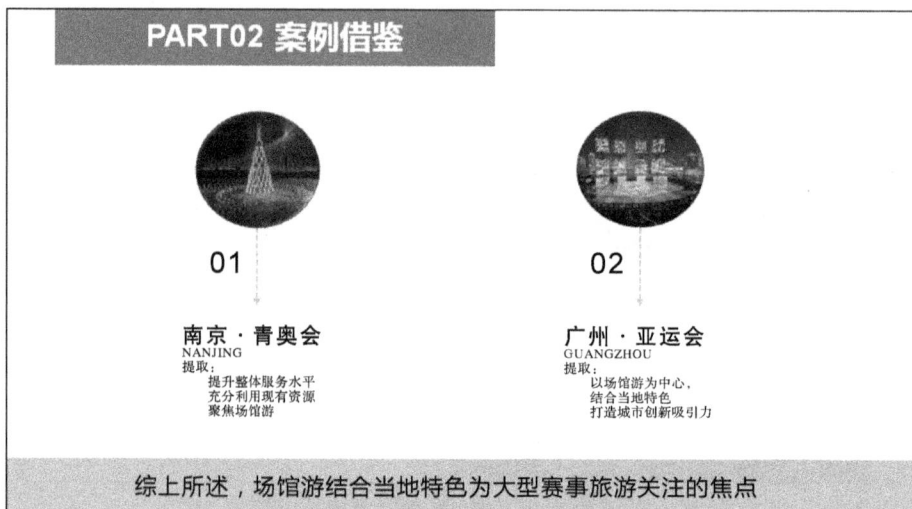

图 7-19　案例借鉴的提炼

项目定位

把握**前亚运时代**机遇

打造以"运动休闲、活力养生"为主题
3天2夜旅游产品
重点打造"亚运场馆游"环节
推广"全民亚运、人文杭州"特色
体现杭州之旅游休闲中心的城市形象

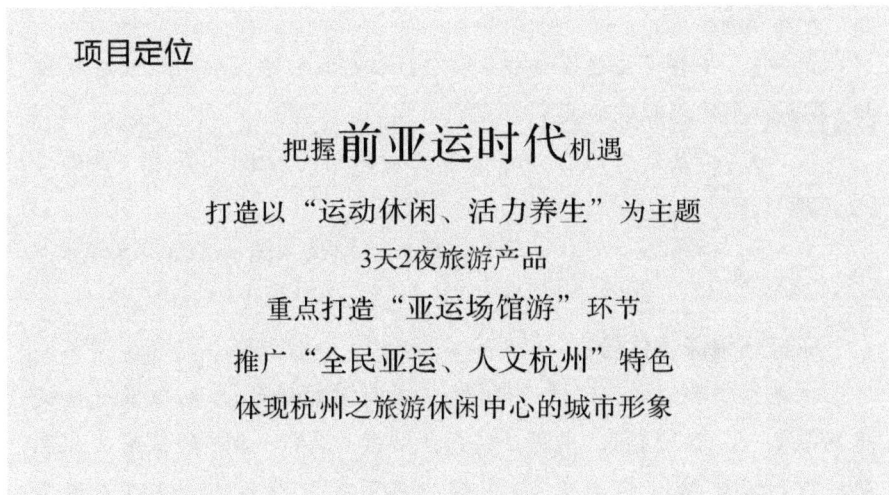

图 7-20　项目定位的关键点

项目策划基于前期作业中关于杭州开元名都大酒店的实地调研总结,考虑了酒店的品质、地理位置等优劣势。

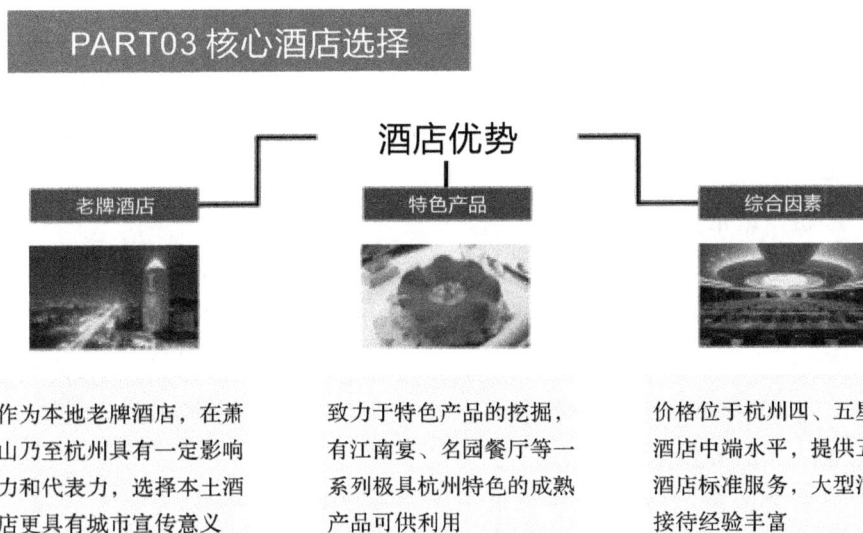

PART03 核心酒店选择

酒店优势

老牌酒店	特色产品	综合因素
作为本地老牌酒店,在萧山乃至杭州具有一定影响力和代表力,选择本土酒店更具有城市宣传意义	致力于特色产品的挖掘,有江南宴、名园餐厅等一系列极具杭州特色的成熟产品可供利用	价格位于杭州四、五星级酒店中端水平,提供五星酒店标准服务,大型活动接待经验丰富

图 7-21　杭州开元名都大酒店优势分析

产品线路：

第一天：午餐—亚运会场馆（奥体中心主体育馆、游泳馆、综合训练馆）半日游—特色时令晚餐

第二天：折扇制作—自助午餐—业余休闲马拉松体验跑—钱江星光夜游

第三天：畅游湘湖（方案一）特色中式SPA＋书法体验/茶艺（方案二）

亚运场馆深度体验：

主体育馆和游泳馆两者合而为一，是目前规模最大、功能最复杂的建筑体之一。在造型上，采用独特的流线型，形成"化蝶"的杭州文化主题。综合训练馆以良渚文化（中国新石器文化遗址之一）的玉器代表——玉琮的简洁形态为设计理念，建成后将成为全球最大的"玉琮"建筑。

全民亚运"我参与"：

全Route（魅力钱塘跑）：起点复兴大桥（掉头）—时代大道（右转）—闻涛路—奥体博览中心主体育场终点。

钱塘江夜游是杭州的特色体验之一，整个夜游时长约90分钟，沿途可游览西兴大桥、奥体中心、国博、城市阳台、复兴大桥、钱江大桥等沿岸景观。

杭州城市文化体验：

江南宴：几张青莲称桌宴，一把墨扇显江南。金灿灿的夏天之外是同样栩栩如生的春秋冬，开元江南宴将杭州城市文化巧妙地渗透进酒店产品中。

折扇：折扇始于汉末，制作折扇历史最久远的便是杭州的芳风馆，它也是江南文化重要体现之一。

湘湖风景：湘湖以风景秀丽而被誉为西湖的姐妹湖，是杭州市旅游重点发展项目。八千年古舟，三万顷碧波。这里是浙江文明的发源地，具有很深的城市印记，相比于西湖也有更大的发展空间及可塑性。

PART03 项目分析

本项目紧扣杭州亚运会,除亚运场馆游外更突出运动休闲的意义,将热点活动——马拉松融入产品中,打造出具有杭州现代城市特色的"亚运线路",与体现杭州文化名城特色的西湖马拉松相得益彰

本项目在侧重亚运元素的同时,注重杭州人文特色的体现,融入杭州城市元素,将历史故事、茶活动、江南元素、杭帮菜等特色带入项目之中,是旅游产品和城市旅游形象推广方案

图 7-22　项目整体分析

　　运营推广选择从推广切入、推广策略到最终的运营思路和成本预估,进行汇报讲解。

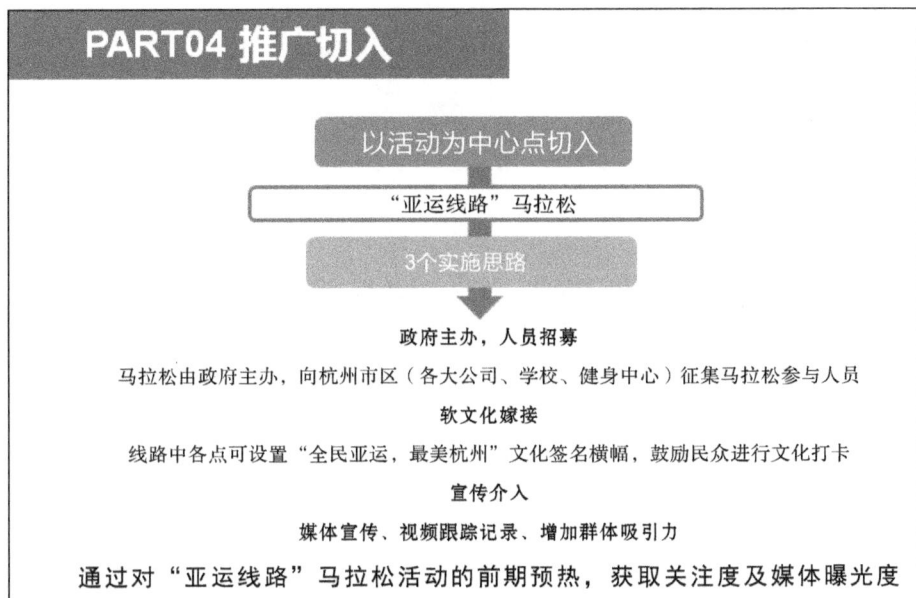

PART04 推广切入

以活动为中心点切入

"亚运线路"马拉松

3个实施思路

政府主办,人员招募

马拉松由政府主办,向杭州市区(各大公司、学校、健身中心)征集马拉松参与人员

软文化嫁接

线路中各点可设置"全民亚运,最美杭州"文化签名横幅,鼓励民众进行文化打卡

宣传介入

媒体宣传、视频跟踪记录、增加群体吸引力

通过对"亚运线路"马拉松活动的前期预热,获取关注度及媒体曝光度

图 7-23　推广切入

PART04 推广切入

媒体报道

活动具有"绿色、公益、旅游、亚运"的正能量元素，可提前通知媒体，并引导其进行活动报道

视频跟踪记录

通过对活动的跟拍和航拍积累视频素材，便于在各大平台如抖音、微博、微信公众号等宣传本项目

宣传介入

群体吸引力

参与活动者身着开元Logo亚运概念马拉松文化纪念衫，在活动过程中吸引景区的游客及路人，增强其参与感和传播意向

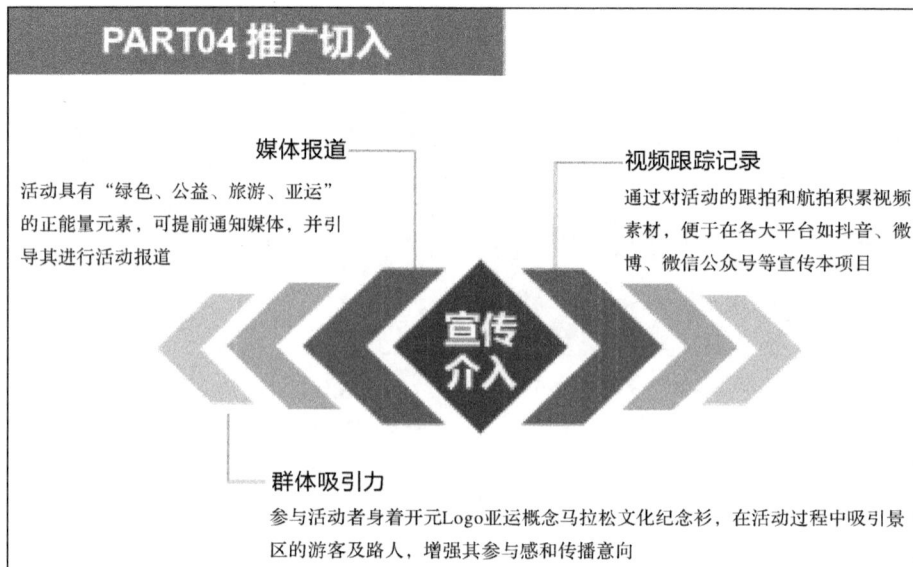

图 7-24 推广切入——宣传介入

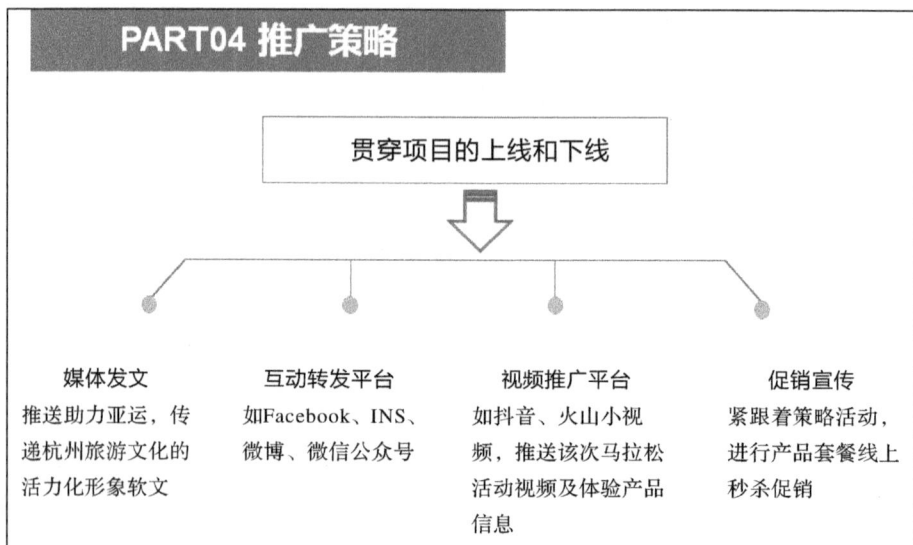

PART04 推广策略

贯穿项目的上线和下线

媒体发文

推送助力亚运，传递杭州旅游文化的活力化形象软文

互动转发平台

如Facebook、INS、微博、微信公众号

视频推广平台

如抖音、火山小视频，推送该次马拉松活动视频及体验产品信息

促销宣传

紧跟着策略活动，进行产品套餐线上秒杀促销

图 7-25 推广策略

PART04 推广策略

影视宣传

以多语言版本视频形式快速进入国际大众视野

以杭州人物故事为基础结合本项目环节进行现代化的展示或改编，融入"杭州声音"城市推广短片，以现代3d技术及另类拍摄视角再续杭州故事，发布在用户活跃度较高的视频网站及电视频道。

苏东坡在杭州表现形式：水墨动画版苏东坡穿越至2018年杭州，以本项目环节为线路，历史与亚运元素以趣味形式融合再现，以豪放派词人视角展现"运动休闲"与"杭州文化"之融合并进，演绎这座城市的新特色。

图 7-26 推广策略——影视宣传

PART04 运营思路

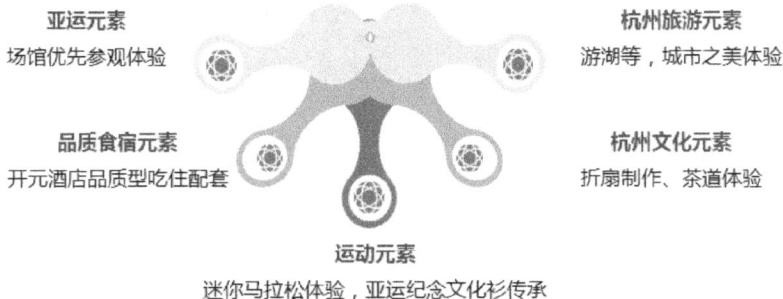

产品——简洁突出各类元素

亚运元素
场馆优先参观体验

杭州旅游元素
游湖等，城市之美体验

品质食宿元素
开元酒店品质型吃住配套

杭州文化元素
折扇制作、茶道体验

运动元素
迷你马拉松体验，亚运纪念文化衫传承

图 7-27 运营思路

价格——推荐优惠

前期推广的马拉松参与者携家属或朋友消费该产品时，给予折扣优惠；该产品消费者推荐亲友同事前来消费时，给予其亲友或同事折扣优惠。

渠道——平台及展会

与开元旅舍合作，将成熟版本的本项目作为为对方免费策划的旅游产品之一去参加各类旅游展会及杭州亚运会推广展会,如上海世界旅游博览会、深圳旅游展会,甚至是国外的旅游展会,以提高知名度,吸引更多客群。

表 7-1　项目成本估算表

项目	成本/元
亚运主题马拉松	—
影视视频(制作＋宣传)	100000
平台推广	200000
合计	300000

注:亚运主题马拉松活动成本由企业赞助。

最后一次的汇报展示,HorizonTeam 可谓交上了一份让导师十分满意的答卷,可以看出学生的最终作业离不开前期众多调研的积累和针对不同主题下项目的分析判断的锻炼。这份设计方案将会由学生进一步与合作网站设计完善最终投放于平台,接受消费者的选择。最后,Horizon Team 的产品经过企业导师、旅游管理领域的领导和 OTA 平台的投票最终胜出。企业场景嵌入式创新课堂培养至此圆满结束,但对学生的影响远不止于此。

四、考　核

(一)学生考核

进一步创新课堂的教学方法方式,提高人才培养质量,加大考试方式与内容的改革力度,突出考试方式的适应性和多样性及考试内容的实用性和灵活性,更加重视考查学生分析问题和解决问题的能力。可选择的考试方式如下。

1. 大型作业

由教师布置大型作业,由一个学生独立完成或多个学生合作完成,通过教师批改后评定成绩。内容以案例分析、综合应用、计算和逻辑分析题为主,目的是考核学生分析和解决实际问题的能力,原则上不进行闭卷理论考试,增加案例

第七章　教学实践及标准化

性、分析性、思考性的题目,要能反映学生综合水平,尤其是学生的相互合作能力。

2. 阶段测试

一门课程可以分若干阶段进测试,对阶段测试成绩进行综合得出最终成绩。必须分两个及以上阶段,测试形式必须规范,以确保成绩客观公正。

3. 调研报告

结合课程内容开展社会经济的调研分析,并上交调研报告,由教师批改后评定成绩。写作必须符合学术规范,严禁抄袭,抄袭一经发现该课程以零分计,不予补考,直接重学。教师必须认真批改,以确保考核质量。

根据企业嵌入场景创新课堂的课程大纲设计,采用多种考核方式相结合的方式:

第一,课堂讲授,授课老师讲透相关理论,实务导师结合案例导入行业情况并进行考核。

第二,田野调查,学生在相关企业做实际调查,参加企业的具体运营会议,体会运作过程,汇报考核。

第三,导入企业真实市场问题,由学生组成小组完成,整个过程主要由企业高层指导,是一个不断地被否定、肯定、修改的过程,学生的思路慢慢由幼稚变为成熟和贴近实际,每一个步骤都要做相应考核。

第四,企业再提出更综合性的产品设计问题,由不同的小组分阶段汇报,形成方案,由企业管理层评估考核。

第五,由企业高层、旅游管理部门和互联网企业代表,组成评委,对不同小组的方案进行评判。

第六,最后方案在相关网站上发布,由消费者选择、评价,接受市场的第一次检验。

第七,企业在前面的基础上采纳最佳方案,投放产品,检验最终效果,所有小组分享最终结果,反馈、反思和总结。

课堂讲授的考核校内导师采用大型作业的考核形式,注重学生的理论知识掌握运用能力。

一般学生在企业实践方的课程学习期间会做到第四步,中间存在阶段性的

129

考核和调研报告的撰写,最终小组的过程性评价和最后方案分别占总成绩的30％和70％。

(二)教师考核

为了保证创新课堂的教学质量,也为学校教学相关决策提供有效信息,每学期对教师课堂教学进行一次评价,以学生评价为主,根据需要也可以考虑专家评价。学生评价权重不低于60％,专家评价权重不超过40％,以教师为评价单元。具体指标体系如表7-2所示。

学生评价由学校教务处组织进行。学生评价采用百分制,在每学期第13周进行。教务管理系统分别去掉每位评价对象10％的最高分和10％的最低分后,按学生人数采用简单平均方法,得出每位教师的课堂评价分。专家评价由各学院组织进行。由学院领导、系(室)主任、教学督导组成的学院教师课堂教学评价专家组,负责对本学院教师的课堂教学进行评价。学院领导、系(室)主任、教学督导的评价权重由学院自行确定。

表 7-2 课堂教学评价指标

类别	指标	评价					权重
		完全同意	同意	一般	不太同意	不同意	
1	教师为人正直,处事公平,与学生关系和谐	10	8	7	6	4	0.1
2	教师能有效利用教学时间,不存在长时间播放录像、由播放视频代替讲课等现象	10	8	7	6	4	0.1
3	教师没有迟到、提前下课、缺课、上课打电话等现象	10	8	7	6	4	0.05
4	教师能很好掌控课堂纪律,能及时关注学生迟到、缺课、睡觉和玩手机等现象	10	8	7	6	4	0.05
5	教学目标明确,教学内容新颖、丰富,理论与实际相结合	10	8	7	6	4	0.1
6	教师讲课熟练、脱稿讲授,条理清楚,重点突出,易于理解	10	8	7	6	4	0.1

类别	指标	评价					权重
		完全同意	同意	一般	不太同意	不同意	
7	教师与学生互动良好,鼓励学生参与讨论,有效激发学生学习兴趣	10	8	7	6	4	0.15
8	教师课后合理布置作业,批改认真,并讲评作业	10	8	7	6	4	0.1
9	教师能安排答疑时间,并及时解答学生学习上的疑问	10	8	7	6	4	0.15
10	通过该课程的学习,学生很有收获	10	8	7	6	4	0.1
	总分	100	80	70	60	40	1

五、课程评价

学生参加企业场景嵌入式创新课程,在时间上已经突破了传统课程教学时间的限制,只要对此有兴趣,便可参与到创新课堂中。对于收获,学生有自己的想法:

(1)黎娜(酒店管理1501):在开元企业场景嵌入式训练营为期近一年的时间,我和成员都经历了明显的蜕变,体现在实践方法上,也体现在思维逻辑上。

从第一次作业——"杭州旅游市场现状分析"的小心翼翼,到训练营结业项目——"基于开元名都酒店的杭州旅游线路设计"的大胆尝试,我们所做的每一个工作都在强调"立足市场,开拓创新"。刚开始的我们并不了解其中深意,所做的也不过是如平时课堂作业般的主观臆想,作业效果并不尽如人意,之后在学校老师及企业管理层的多方指导下,我们对现有的思路做了全新的调整,真正去考虑"谁来消费,消费什么内容,营造什么消费场景,匹配何种盈利模式"等问题,主动去体验我们所设计的线路并调整不足之处。最终我们的作业在杭州开元名都大酒店训练营结业汇报中获得了众多导师及评委的赞扬,也成为现场最具有落地性的项目。

课堂学习更重理论,训练营的学习则让我在实践中、在实际场景融入中更深刻地理解理论,并学会将所学知识运用于实践,运用于社会服务中;也更让我明白,一个优秀的大学生,绝不是"迈不开腿,张不了嘴,动不了脑"的"头脑风暴者",只有怀揣着对职业的敬畏及对社会责任的坚守,才能成为更好的自己。

(2)屠天诚(旅游 2016 研):此次开元企业场景嵌入式训练营项目使我获益匪浅。在训练营中,学校指导老师、酒店管理层和员工三方合力,通过实际场景的融入,将酒店经营和管理中的实际问题,带到项目中。相较于课堂中更偏重理论的教学模式,以解决实际问题为核心的项目更能调动我的积极性。解决实际问题,不仅能够有效对常规课堂知识的反思与运用,更重要的是,酒店管理层和员工的敬业深化于我们对职业道德和责任心的具象理解,引领我们对敬业精神有了更深的感悟。

(3)邬婕慧(旅游 2018 研):我一直认为,研究生的学习内容主要是研读理论实际,掌握研究方法。企业场景嵌入式课堂创新改革,让我对研究生的学习有了耳目一新的感觉。企业场景嵌入式课堂,让我们理解了理论和实际之间的差距,学会如何把理论的知识转化为现实的生产力,体会到无论做研究还是从事管理运营,都需要具备敬岗爱业的服务社会的工匠精神和踏踏实实的研究精神,深刻理解实事求是研究的根本,明白只靠几张问卷走天下是不符合实际的。只有扎根行业,实际动手,才能知道自身的不足。企业高层和授课老师的现场指导,让我们从最初面对现实问题时的束手无策到坦然接受市场的评价,最终因自己成长而得来的获得感,这是我研究生阶段最宝贵、最丰富的经历。

我也将用最真实的数据和最贴近实际的研究来完成我的毕业论文,守住学术底线。

第八章　部分教学成果展示

一、总　览

企业场景嵌入式创新课堂,实际上是一种多场景应用模式。这种课程创新对激发学生的学习动机、改变学习方式,以及转变教师的教学方法、教学思路都起到了极大的冲击作用。它的最大作用是让学生更好地在现实场景中确立自己的学习目的,了解未来工作中所需要的知识结构和机能,帮助他们建立符合未来工作场景的分析问题和解决问题的体系,尤其是能够激发学生在各方面的潜能。

从六年前开始尝试企业场景嵌入式创新课堂的改革,到最近三年的理论研究,企业场景嵌入式创新课堂取得了许多成果,无论是学生还是老师都得到了长足的进步。创新课堂所取得的部分教学成果如表 8-1 所示。

表 8-1　师生部分教学成果

参与项目学生获奖情况			
获奖时间	奖项名称	获奖等级	授奖部门
2021	第五届"尖峰时刻"酒店经营模拟大赛	全国 A 类一等奖	南开大学,CESIM 中国,"尖峰时刻"组委会
2021	第五届"尖峰时刻"酒店经营模拟大赛	全国 A 类二等奖三项	南开大学,CESIM 中国,"尖峰时刻"组委会
2021	第五届"尖峰时刻"酒店经营模拟大赛	全国 A 类三等奖两项	南开大学,CESIM 中国,"尖峰时刻"组委会
2021	第五届浙江省大学生经济管理案例竞赛	省赛 A 类三等奖	浙江省教育厅
2021	浙江省大学生职业规划大赛	省赛 A 类三等奖	浙江省教育厅

获奖时间	奖项名称	获奖等级	授奖部门
2020	第五届"尖峰时刻"酒店经营模拟大赛	全国　A　类一等奖	北二外，CESIM 中国，"尖峰时刻"组委会
2020	第五届"尖峰时刻"酒店经营模拟大赛	全国　A　类三等奖九项	北二外，CESIM 中国，"尖峰时刻"组委会
2020	"农信杯"第三届浙江省大学生乡村振兴创意大赛	省赛 A 类银奖	浙江省教育厅、浙江省农业农村厅、浙江省农村信用社联合社
2019	第五届浙江省大学生经济管理案例竞赛	省赛　A　类一等奖	浙江省教育厅
2019	第四届"尖峰时刻"酒店经营模拟大赛	全国　A　类一等奖	中山大学，CESIM 中国，"尖峰时刻"组委会
2019	第四届"尖峰时刻"酒店经营模拟大赛	全国　A　类三等奖	中山大学，CESIM 中国，"尖峰时刻"组委会
2019	第四届"尖峰时刻"酒店经营模拟大赛	全国　A　类三等奖	中山大学，CESIM 中国，"尖峰时刻"组委会
2019	第四届"尖峰时刻"酒店经营模拟大赛	全国　A　类三等奖	中山大学，CESIM 中国，"尖峰时刻"组委会
2019	第四届"尖峰时刻"酒店经营模拟大赛	全国　A　类三等奖	中山大学，CESIM 中国，"尖峰时刻"组委会
2018	第三届"尖峰时刻"全国酒店管理模拟大赛	全国　A　类一等奖	南开大学，CESIM 中国，"尖峰时刻"组委会
2018	法国左岸杯世界名校红酒俱乐部品鉴大赛	中国区总冠军	法国左岸骑士团，法国驻上海领事馆
2018	第四届大学生"互联网＋"创业大赛	省赛 A 类金奖（留学生组）	浙江省大学生科技竞赛委员会
2018	大学生"互联网＋"创业大赛	三等奖	浙江工商大学
2017	浙江省大学生电子商务竞赛	省赛　A　类二等奖	浙江省大学生电子商务竞赛组委会
2017	法国左岸杯世界名校红酒俱乐部品鉴大赛	中国区总冠军	法国左岸骑士团，法国驻上海领事馆
2016	第二届浙江省大学生经济管理案例大赛	省赛　A　类一等奖	浙江省大学生科技竞赛委员会
2016	浙江省大学生电子商务竞赛	省赛　A　类三等奖	浙江省大学生电子商务竞赛组委会

续　表

获奖时间	奖项名称	获奖等级	授奖部门
2015	首届国家旅游局万名旅游精英项目	立项已结题	国家旅游局
2017	第十三届希望杯校赛	一等奖	校团委

教改对社会和行业影响

获奖时间	奖项名称	获奖等级	授奖部门
2018	关于左岸杯比赛第二次报道	报道	《中国日报》
2018	关于左岸杯比赛第三次报道	报道	《中国日报》
2018	温暖回家路（留学生春运志愿者）	报道	新华社
2018	打造酒店业校企合作样板	报道	《中国旅游报》
2018	关于左岸杯比赛第三次报道	报道	中国报道网
2018	关于酒店专业特色专业建设报道	报道	杭州明珠电视台
2018	酒店行业管理人才发展困境突破	报道	《酒店高参》
2018	酒店行业管理人才发展困境突破	报道	《一点资讯》
2018	关于左岸杯比赛的报道	报道	《青年时报》
2017	关于左岸杯比赛第一次报道	报道	《中国日报》
2017	关于左岸杯报道	报道	《钱江晚报》

项目负责人教改科研情况

获奖时间	奖项名称	获奖等级	授奖部门
2019	基于企业场景嵌入的创新课堂建设——产教研深度融合的酒店课程改革实践	省级浙江省高等教育"十三五"第二批教学改革项目	浙江省教育厅
2018	基于企业场景嵌入的酒店管理专业创新课堂研究	校级	浙江工商大学
2019	2019年线上线下混合式教学改革项目	校级	浙江工商大学
2018	基于企业介入的知识传授与价值引领创新课堂研究	校级	浙江工商大学
2018	自媒体背景下酒店管理课程建设和教学研究	校级	浙江工商大学
2015	"旅行社经营管理"课程PBL本科教学改革及其应用推广	校级教学成果奖	浙江工商大学

教改论文
2021年浙江省优秀研究生教学案例,东方百富:"顶级代工"逆袭"中国智造",1/1,2020
2020年浙江省优秀研究生教学案例,坚守与变通,富阳竹纸的传承之路,1/1,2020
《人才培养与教学改革——浙江工商大学教学改革论文集(2020)》《企业场景嵌入式创新课堂对管理专业学生学习投入的影响》(2020)
《人才培养与教学改革——浙江工商大学教学改革论文集(2019)》《基于企业介入的知识传授与价值引领的思政课改革》(2019)
《人才培养与教学改革—浙江工商大学教学改革论文集(2018)》
《人才培养与教学改革—浙江工商大学教学改革论文集(2017)》《酒店管理教学方法研究》(2017)

项目负责人获奖情况			
获奖时间	奖项名称	获奖等级	授奖部门
2020	"尖峰时刻"大赛优秀指导老师	优秀指导老师	北二外 CESIM 中国
2019	"尖峰时刻"大赛优秀指导老师	优秀指导老师	中山大学 CESIM 中国
2019	第五届浙江省大学生经济管理案例分析大赛	优秀指导老师	浙江省大学生竞赛委员会浙江省教育厅
2018	"尖峰时刻"大赛优秀指导老师	优秀指导老师	南开大学 CESIM 中国
2018	首届浙江工商大学卓越教学奖	一等奖	浙江工商大学
2018	浙江工商大学优秀学生科技创新导师	优秀导师	浙江工商大学
2017	浙江工商大学商李芳华我最喜爱教师最具人气教师	最具人气教师	浙江工商大学
2017	浙江工商大学商李芳华我最喜爱教师十佳教师(子质奖)	十佳教师	浙江工商大学
2015—2016	浙江工商大学三育人先进个人	先进个人	浙江工商大学
2016	第二届浙江省大学生经济管理案例大赛	优秀指导老师	浙江省大学生科技竞赛委员会
2015	浙江工商大学优秀学生科技创新导师	优秀导师	浙江工商大学
2019	浙江工商大学教师教学发展中心	讲师团讲师	浙江工商大学教务处
2017	优秀教学奖	优秀教学奖	浙江工商大学旅游与城乡规划学院
2018	优秀教学奖	优秀教学奖	浙江工商大学旅游与城乡规划学院
2018	年度贡献奖	年度贡献奖	浙江工商大学旅游与城乡规划学院

《中国旅游报》在 2018 年 2 月 14 日以《打造酒店业校企合作样板》为题对企业场景嵌入式创新课堂活动之———"开元名都大酒店经营训练营"活动进行了报道。(见图 8-1、图 8-2)

2018 年 1 月 17 日,网易酒店高参以《工商大学联合开元酒店探索一年酒店行业管理人才发展困局突破》为题对创新课堂活动做了相关报道;2018 年 1 月 20 日,饭店业以《为行业支招,突破酒店管理人才发展之困局》为题也相继对课堂创新活动做了相关报道。

2018 年 6 月 27 日,杭州明珠电视台也对我们的教学改革做了专题报道。

图 8-1　《中国旅游报》的报道

二、左岸杯：从专业到专家

在基于企业场景嵌入的创新课堂建设中，我们始终坚持一个理念，就是要在行业不同的场景中发挥学生的潜力。我们的目标是不仅要培养各方面均衡发展的学生，也要发现有独特禀赋的同学，帮助他们在某一方面成为专家，实现从专业到专家的跨越。

事实证明，在企业现实场景的环境下，可以最大限度地挖掘学生的潜能，并培养他们在这一方面有所成长。

"左岸杯"全称为世界名校红酒俱乐部品鉴大赛，赛事是由"梅多克—格拉夫—苏玳—巴萨克木碗会"（波尔多左岸骑士会）组织的世界大学生品酒赛，参加这项赛事的都是非葡萄酒专业的大学生业余爱好者。每年六月份在法国波尔多拉菲酒庄举行，有来自世界各地的八支代表队参加，其中不乏来自世界级名校的代表队，比如哈佛大学、牛津大学、剑桥大学等。

波尔多左岸包括吉隆河（Gironde）以西和以南的产区如梅多克（Medoc）、格拉夫（Graves）及苏玳（Sauternes）等产区。左岸最知名的分级体系就是"1855 年波尔多"分级。波尔多 1855 年的分级体系关系着波尔多 87 家大酒庄，其中包含 61 家梅多克列级庄、26 家苏玳酒庄和一家格拉夫酒庄。我们熟识的五大名庄拉菲（Chateau Lafit Rothschild）、拉图（Chateau Latour）、玛歌（Chateau Margaux）、奥比昂（Chateau Haut-Brion）、木桐（Chateau Mouton Rothschild）均在波尔多左岸。

自 2011 年以来，此项大赛每年在欧洲、美国及亚洲地区选拔 60 支葡萄酒俱乐部代表参赛，将有八支获胜代表团被邀请到法国波尔多罗斯才尔德－拉菲庄园进行总决赛，最后选出世界名校葡萄酒俱乐部世界冠军。世界冠军将获得波尔多葡萄酒产区深度探索三日游，以及拉菲酒庄和邦坦骑士团提供的名贵珍藏葡萄酒等极具意义的系列奖品。浙江工商大学队 2017 年就以中国区冠军队身份参加了总决赛，并获得了理论部分第一名的好成绩。

此项大赛在世界范围内享有极高地位，被世界名校成员推崇，系迄今为止世界范围内排名第一的国际名校葡萄酒俱乐部赛事。赛事形式高贵庄严，赛事地点均为各地顶级奢华酒店。各赛区开幕式均由波尔多邦坦骑士团大主教带领其代表成员主持仪式，并担任评委。在未来的赛事中，骑士团还将对波尔多葡萄酒文化推广做出杰出贡献的专业人士给予授勋，使其成为波尔多骑士团的海外骑士和波尔多葡萄酒文化的推广大使。

2017 年 2 月 27 日，在上海举办的波尔多“左岸杯”世界名校葡萄酒俱乐部国际品鉴大赛中国区决赛中，由王钲清、崔江浩、蔡跃强组成的浙江工商大学代表队首次参赛就夺得冠军，并于同年 6 月赴法国波尔多左岸拉菲酒庄参加全球总决赛。

《中国日报》英文版，对左岸杯在法国拉菲酒庄的总决赛做了第一次专题报道，如图 8-2 所示。

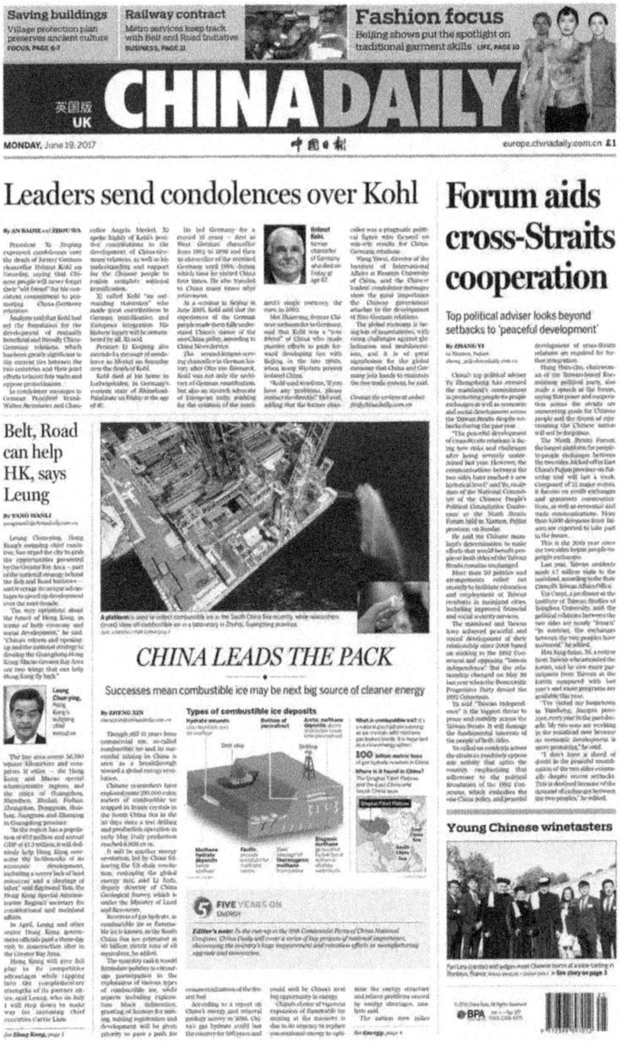
Saving buildings
Village protection plan preserves ancient culture
FOCUS, PAGE 6-7
Railway contract
Metro services keep track with Belt and Road Initiative
BUSINESS, PAGE 11
Fashion focus
Beijing shows put the spotlight on traditional garment skills LIFE, PAGE 10
英国版 UK
CHINA DAILY
MONDAY, June 19, 2017
中国日报
europe.chinadaily.com.cn £1

Leaders send condolences over Kohl

Forum aids cross-Straits cooperation

Top political adviser looks beyond setbacks to 'peaceful development'

Belt, Road can help HK, says Leung

CHINA LEADS THE PACK

Successes mean combustible ice may be next big source of cleaner energy

Types of combustible ice deposits

FIVE YEARS ON

Young Chinese winetasters

图 8-2 《中国日报》英文版对我校学生参加左岸杯决赛的专题报道

学生感言(崔江浩)

第一,关于这次比赛的收获。不管是赛前准备还是比赛之中或是比赛之后的交流,我都学到了许多。通过这次比赛,我不仅认识了许多大咖和兴趣相投的朋友,还为学校、为学院、为我们专业争得了荣誉。我感到非常荣幸。另外,借着决赛的机会,我能出去走走,与世界级的高校代表队进行切磋,真的是一次"世界这么大,我想去看看"的难得机会。

第二,关于这次比赛的感触。波尔多左岸的葡萄酒为什么能享誉世界? 这和他们的高度重视和积极宣传是分不开的。波尔多左岸杯吸引了全世界葡萄酒大学生爱好者的参与和关注,这些爱好者就是未来的消费群体。在这次比赛中,法国驻上海总领事及波尔多左岸邦坦骑士团主席亲自到场,都体现了他们对此的重视。

第三,对学院和老师的感谢。从最开始我们成立 SLS 酒协,杨老师成为我们的指导老师,到这次去参加比赛,我们又得到学院的重视,真的是既荣幸又感激。作为第一届国际酒店管理专业的学生,我深有感触的就是学院及系主任杨老师所提倡的教育理念是让学生能够全面发展、能够做自己喜欢的事,这不仅可以提高学生自身的素质,还可以拓展学生的眼界和格局。

2018 年 1 月 25 日,波尔多"左岸杯"世界名校葡萄酒俱乐部国际品鉴大赛中国区决赛在上海成功举办,由来自酒店 1601 的李琪、英语 1503 的冯俊杰、法学 1402 的陈茜组成新一届浙江工商大学代表队参赛。国际酒店管理系主任杨欣任指导老师,上届冠军队队长王钲清也来比赛现场助威指导。

经过激烈的角逐,新一届浙江工商大学代表队凭借扎实的功底和默契的团队合作从参赛队伍中脱颖而出卫冕成功,成为亚洲区第一支卫冕成功的队伍,再次进军法国的总决赛。

2018 年 6 月,浙江工商大学代表队再次赴法国参加全球总决赛,与世界名校代表队同台竞技,并与拉菲酒庄庄主留念合影(见图 8-3)。

图 8-3　晚宴结束队员和指导老师与拉菲酒庄庄主罗斯柴尔德男爵合影

中国日报对浙江工商大学酒店管理专业学生参加的决赛做了第二、第三次跟踪报道,如图 8-3 所示。

图 8-3　《中国日报》英文版对我校参与"左岸杯"的跟踪报道

此外,中国报道、《钱江晚报》、《青年时报》都对浙江工商大学参加"左岸杯"赛事做了相关报道。

学生感言:

"'左岸杯'让我从葡萄酒爱好者变成初学者,让我有机会踏入拉菲酒庄,以及波尔多这片孕育了许多非凡葡萄酒的土地。我感谢'左岸杯'带给我的一切,不管是之前还是未来,我都心怀感激!"——2018 冠军李琪

"当我站在波尔多的时候,从拉菲酒庄出来的时候,无法不感谢这个比赛给予我的一切。"——2018 冠军冯俊杰

"当你开始探索葡萄酒时,就会发现葡萄酒的世界充满了未知与惊喜。"——2018 冠军陈茜

三、招待所改造:脑力激荡的创新

企业场景嵌入式课堂教学改革,其中目的之一就是要让学生在实际场景中分析问题、解决问题,综合运用各种知识、技术和方法解决企业所面临的问题,从职业经理人的角度提供比较科学理想的解决方案。

在实践中,我们把"酒店规划与筹建技术"这门课程当作试点,从一开始就把酒店的规划和改造方案面临的问题交给学生,带领学生实地考察,并在授课过程中一步一步地导入相关知识点,学生在整个学习过程中紧密结合项目的实际场景,提出解决方案,并不断讨论、修改直到形成比较完善的方案。

从实践的结果看,这门课程不仅让学生学到了酒店规划与相关技术,更重要的是让他们懂得如何面对酒店的实际场景来进行正确的分析和思考,如何从职业经理人的角度去考虑酒店规划过程中可能遇到的各种问题,如何从满足客人和未来经营的需要去完善酒店规划设计,如何在受到限制的现实环境中大胆地发挥自己的想象和创意。实际上学生也在这一过程中创作出了很多令人称奇的规划方案,对于非理工科专业出身的学生而言,实在难能可贵。

以浙江工商大学钱江湾生活区 45 幢招待所改造为例,学生作业展示如下。

案例 8-1　完美招待所改造计划之：你好像很好吃

1. 酒店定位

"你好像很好吃"是一家集美食、创意、设计、互动于一体的新型主题概念酒店。酒店坚持"个性与原创、舒适与居家"的设计理念，以美食与爱为主题，定位于休闲、潮流。酒店除了满足客人便捷、舒适的住宿需求外，更是通过独特的设计、配置和服务，让顾客在酒店也能体验到最甘饴的食物和最本真的生活。

设计：酒店从大堂、餐厅到娱乐设施、客房，都将体现"食物跟爱一样温柔"的理念。客房更是做到一个房间就是一个关于美食的世界，间间不同，美味不重复，为顾客创造出非同一般的入住体验。（见图 8-4）

图 8-4　房间设计

设置：除了传统酒店应有的设备之外，我们酒店在一楼设有公共厨房、烘焙室、咖啡吧等，二楼设有棋牌室、私人影院、台球室、小型健身房、体感游戏厅、桌游室。各种设施设备任君选择。（见图 8-5）

图 8-5　酒店部分娱乐设施

服务:我们打破常规,增加了许多传统酒店不具备的功能,如可以烹饪烘焙 DIY 等。(见图 8-6)

图 8-6 酒店服务

2.创意特色

(1)有一千双手,就有一千种味道

一楼的公共厨房、烘焙室、咖啡吧都是向酒店住客开放的。只要提前预约,顾客就可以在这里大显身手。

(2)美食佳节,我们陪您一起过

在一些特殊节日,可举办一些"美食"主题活动如中秋(月饼)、感恩节(火鸡)等。

(3)春风十里,不如来这儿一聚

考虑到酒店附近有好几所高校,我们在酒店中也专门增加了年轻人的元素。二楼设有的棋牌室、私人影院、台球室、小型健身房、体感游戏厅、桌游室都可以外租给班级、社团使用。另外,一楼的公共厨房、烘焙室、咖啡吧在没有住客预约的前提下,也可以外借给班级社团使用。

(4)专属客房专属文化

客房内,除了可以感受美食设计带给你的新鲜感,客人还可以扫描专属于这间客房的二维码,我们将用 H5 的形式,向客人展示这间客房的设计理念。

(5)这里,交换你我的记忆

H5 中除了有对客房的简单介绍,还会提供给客人一个网上留言墙的链接,所有住过这间客房的客人将自然形成一个社群。网上留言墙,增加住客互动。

3.改造计划

（1）整体布局

二楼：保留原有的前台、储物间、员工间、洗衣房、配电间、布草间

新增商店仓库1间、商店2间、咖啡吧1间、烘焙室2间、公共厨房2间、酒店厨房1间、酒店厨房储物间1间。

二楼：将原有客房区改造为休闲区，包含棋牌室2间、私人影院2间、台球室1间、小型健身房2间、体感游戏厅2间、桌游室4间。

三楼：将原有的客房区域全部改造成"一缕炊烟"餐厅，共分为两个区块，分别是点菜包间区和自助包间区。包含配电间1间、易耗品仓库1间、点菜包间9间（四大五小）、自助包间8间（四大四小）。

四楼到十五楼：普通客房区

4楼——甜蜜的浪漫（马卡龙主题）

5楼——浓情巧克力（巧克力主题）

6楼——街角的洋果子店（蛋糕主题）

7楼——塞纳河左岸（咖啡主题）

8楼——何以解忧（酒主题）

9楼——松涛烹雪（茶主题）

10楼——盛夏的果实（水果主题）

11楼——奇妙动物园（Q版动物主题家庭房）

12、13楼——yummy!（外国美食主题）

14楼——舌尖上的中国（民族美食主题）

15楼——杭州味道（杭州及杭帮菜主题）

（2）具体改造方案

第一，一个好的酒店相应会有一个好的环境相匹配。为了与酒店主题——"美食与爱，不可辜负"相契合。我们计划，在酒店周围种植各类果树，如柚子、橘子、葡萄等。同时，我们计划置换招待所周围现有草皮，并且种植一定量的四季常青树，如桂花树、山茶树、香樟树等，让招待所从外观上体现出美食主题。

第二，在招待所之后河边旁有一个观景台，我们计划在这块观景台上开辟一个人工菜园，通过搭建大棚和种植应季蔬菜，让住客或者前来日租房游玩的顾客自行采摘，然后按照市价进行称斤售卖。（见图8-7）

图 8-7　绿化改造情况

4.客房主题介绍

有人过着红地毯配礼服的生活，他们优雅得体，举止从容，从画展到晚宴，从典礼到沙龙，他们的举手投足都不曾失礼，他们喜欢一切精致的东西，他们享受最复杂流程下诞生的纪念品。还有一些人，他们偏爱随性的牛仔和自行车，他们喜欢独特而美好的一切，他们喜欢色彩和情怀，他们享受美好发生的每个瞬间。就像马卡龙，要经历那么多步骤和规矩才能成形，却也拥有最无规则的饼边、最不加修饰的外观和最让人痴迷的口感，它优雅又性感。

时下流行的马卡龙是在两个蛋白酥皮圆片之间夹着甜奶油酱、巧克力酱或者果酱，如图 8-8 所示。

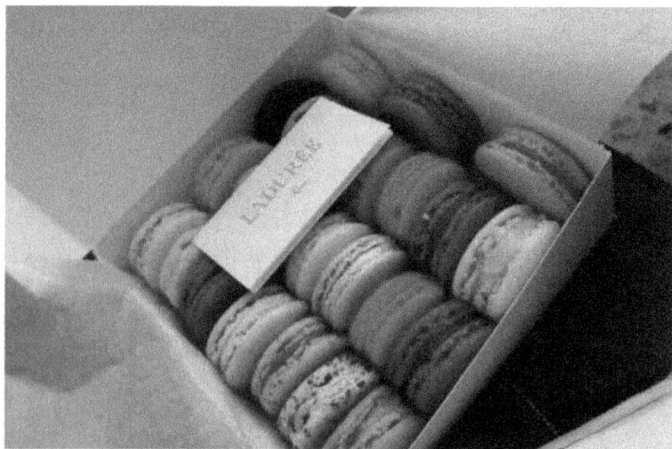

图 8-8　四楼　少女最爱(马卡龙主题)

薇安在教堂对面开了一家可爱的巧克力店,名叫"天上人间核桃糖"。她所制作的巧克力正和她自由、热切又敏感的个性一样,叫人难以抗拒,她仿佛有着神奇的磁力,可以洞察小镇里每个顾客的心理,做出最能满足他们需求的巧克力,让他们内心隐秘的渴望得到满足,甚至让他们原本淡而无味的生活起了变化。

这部电影叫《浓情巧克力》,我们的客房也以此为主题。(见图8-9)

图8-9　五楼　浓情巧克力(巧克力主题)

做事向来认真精细的日本人,用细腻柔和的画面、悠然婉转的配乐,讲了一个以美食为衣、内在励志的故事;和风洋风相得益彰,道道精致融情的西式糕点,看上去有着阳光般的灿烂和自信,款款入心的美味,带给每位客人幸福的同时,也救赎了灵魂上自我圈圈的糕点大师,点燃了懵懂莽撞的夏目心中潜藏的梦想。

这就是《街角的洋果子店》的精神,也是六楼客房想要传递的主题:温暖。(见图8-10)

图8-10　六楼　街角的洋果子店(蛋糕主题)

19世纪塞纳河的左岸林立着许多的咖啡馆。咖啡馆里有温文尔雅的店主,灰白的发丝渗透着拥有一家咖啡馆的骄傲。当然,更有来来往往的过客:他是沙特,和一名叫作西蒙波娃的女子在咖啡馆里酝酿存在主义也酝酿爱情;他是达文西,面对蒙娜丽莎的微笑,嘴里跟眼里都尝了一杯加了糖的咖啡;他是雪莱,追逐着爱情,累了,正坐在咖啡馆里歇脚;他是海明威,坐在窗边透光的那一张桌子,写"妾似朝阳又照君",也写心情;他是伏尔泰,正在品尝他今天的第39杯咖啡,同时,也列出法国王室不合理的第20个理由。(图8-11)

图8-11 七楼 塞纳左岸(咖啡主题)

短歌行
曹 操

对酒当歌,人生几何!譬如朝露,去日苦多。

慨当以慷,忧思难忘。何以解忧?唯有杜康。

青青子衿,悠悠我心。但为君故,沉吟至今。

呦呦鹿鸣,食野之苹。我有嘉宾,鼓瑟吹笙。

明明如月,何时可掇?忧从中来,不可断绝。

越陌度阡,枉用相存。契阔谈䜩,心念旧恩。

月明星稀,乌鹊南飞。绕树三匝,何枝可依?

山不厌高,海不厌深。周公吐哺,天下归心。

古代文人骚客，无不与酒为伴。对于酒的选择，有时也成为身份和品位的象征。（见图8-12）

图8-12 八楼 何以解忧（酒主题）

"松涛烹雪醒诗梦，竹院浮烟荡俗尘。"茶有德，饮茶人有茶德。宋徽宗在《大观茶论》序中写道："茶之为物，擅瓯闽之秀气，钟山川之灵禀。祛襟涤滞，致清导和；冲澹闲洁，韵高致静。"他认为，茶具有"清、和、澹、静"的美德。后人以此引申为社会伦理美学。

喜欢茶的人都有一种高洁的气质，在客房设计上我们认真地考虑了这一点，如图8-13所示。

图8-13 九楼 松涛烹雪（茶主题）

清脆甜美的是苹果，晶莹多汁的是荔枝，酸中带苦的是柠檬。不同的水果有不同的口味，也许你有很多不喜欢的蔬菜，但你很难有许多不喜欢的水果。它们色彩斑斓，为世界的多姿多彩添上了最为清新的一笔。盛夏的果实，是莫文蔚磁性的歌声，也令我为之向往。

每一个房间我们将设置相同味道的水果香氛。（见图8-14）

图 8-14　十楼　盛夏的果实（水果主题）

图 8-15　11 楼　奇妙动物园（卡通动物主题　家庭房）

也许你没有走遍全世界,却也听说了法餐的优雅与精致、泰国人偏爱咖喱和酸辣汤、土耳其的烤肉,别有风味。

也许你也喜欢异国他乡的生活气息,喜欢他们的文化,喜欢他们的建筑,喜欢他们的室内陈设。

也许你只是一个来华已久的旅客,渴望在异国他乡感受到故土的气息。

在这里,邂逅异国风情。(见图 8-16)

图 8-16　12、13 楼　yummy(外国美食主题)

作为一个美食家,食物的美妙味感固然值得玩味,但是食物是从哪里来的?食物来源于自然,又精细于生活。

56 个民族,每一个都有自己独特的食物和味道,代表了这个民族不一样的性格和生活方式。泱泱中华,幅员辽阔,想要一言道尽舌尖上的中国,怕是不大可能。(见图 8-17)

你的脑海里有多少关于这座城市味道的记忆?你记得西子湖畔初荷的芬芳,糯藕的清香;你记得满觉陇两旁,沿路的金黄;你记得九溪龙井,泉水中的茶香;你记得街头巷尾,老婆婆烘的叫花鸡。你也不曾忘记咸鲜可口的片儿川;也不曾忘记肥而不腻的东坡肉;也不曾忘记清口淡雅的龙井虾仁。但是,此去经年,当你离开钱塘江畔的这间屋舍以后,你的存储味道脑海里会多一种记忆、一种人情味。

案例 8-2　完美招待所改造计划之：AWAYHOTEL[①]

1.招待所现状

（1）地理位置

45 幢招待所位于杭州下沙高教园区，在浙江工商大学钱江湾生活区内。招待所位于整个生活区的东面，临近钱塘江。其顶层可以看到一线江景。

图 8-17　45 幢招待所地理位置图

2.交通状况

45 幢招待所位于生活区最东侧，距离生活区大门约 900 米，步行约 13 分钟。另外，校园内共享单车多且便利，便捷出行。

出生活区就有公交车站。生活区大门距离最近的文海南路地铁站约 1.1 千米，步行 17 分钟，骑行 5 分钟。

（3）招待所现状

45 幢招待所现 1—7 层作为招待所使用，8 层以上为学生宿舍。一楼 23 个房间，其余楼层每层 27 个房间。因此，招待所目前只有 185 个房间在使用中。

现招待所仅供应标准双人房与标准单人间两种房型，房间价格常年保持稳定，均在 150 元/间上下浮动。

---

① 该项目计划由浙江工商大学酒店管理 1801 王佩诗、王佳怡、忻涛琴、李硕完成。

该招待所只有客房一种产品，由浙商大后勤进行管理。

周围现有车位12个，正门口有一块可以停自行车与电动车的停车区。南面为生活区后面，出门即有超市与便利店。

（4）招待所房间情况

招待所有两种房型，小组当日考察时，由于新冠肺炎疫情，单人间用作隔离使用，不对外开放，因此没有参观。

标准双人间如图8-18所示。

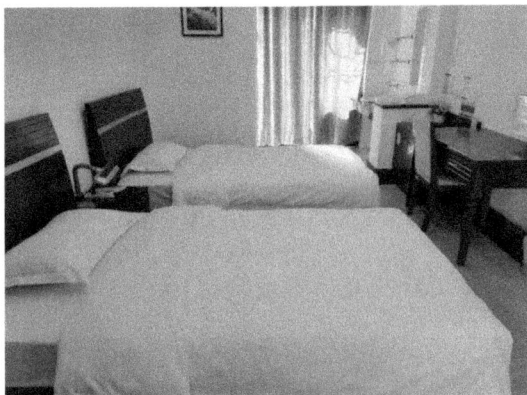

图 8-18 招待所标准双人间

学校招待所的环境还是比较朴素的，房间内设施也比较老旧，且当时参观的房间家具也有一定程度的破损。

卫生间比较简陋，可以满足基本需求（见图8-19）。

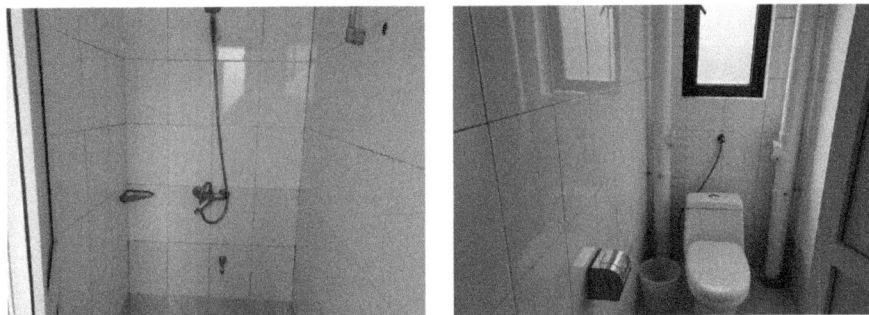

图 8-19 卫生间细节

总体来说，学校招待所与快捷酒店水平持平。

（5）招待所平面图

招待所 1 楼楼层平面图如图 8-20 所示。

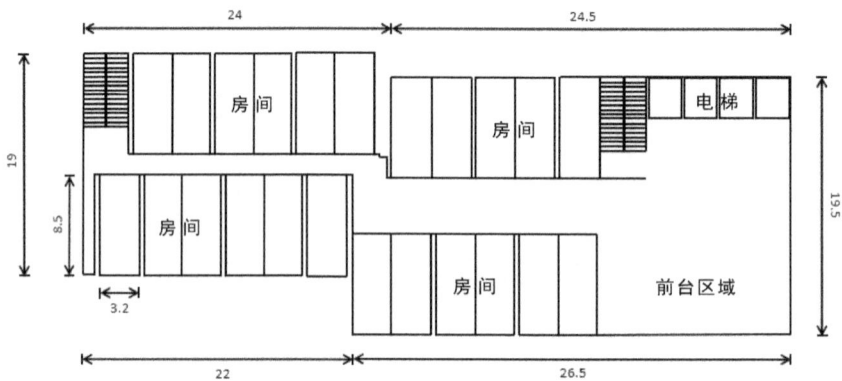

单位：米

图 8-20　45 幢 1 楼平面图

招待所 2—15 楼楼层平面图如图 8-21 所示。

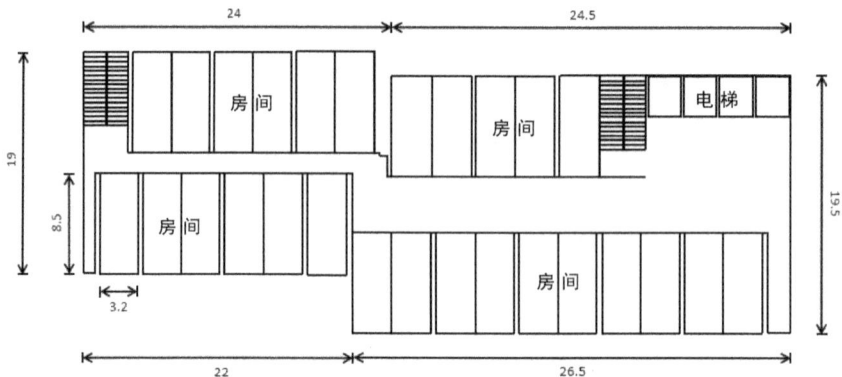

单位：米

图 8-21　45 幢 2—15 楼平面图

2.项目定位

（1）主题定位

招待所的改造将以"AWAY"为理念，"AWAY"即避开、远离。将以给入住者或体验者提供心理时空为主旨对招待所进行整体构造，目标是通过各项服务使人们从焦虑感和倦怠感中逃离出来而得到心理安适。服务不以热情为主旨,转向细致与情绪空间的构造。改造后的酒店定位为个性化社交型多功能酒店,设计的关键烘托出酒店前卫、自由、包容的氛围。

在如今众多的元素及标签中,有一种活跃在年轻群体中的标签——"逃避",即逃离已有压力与喧嚣困扰,寻求片刻宁静,找寻自我与本真。社交疲惫、学业压力、未来迷茫等是青年学生的压力来源,而由这些所产生的倦怠感也常困扰着师生。很多时候,生活没有时间或空间给人们去发泄内心的焦虑和照顾自己的情绪。而 AWAY 的存在,就是为了满足年轻群体更深层次的需求,与其说 AWAY 是一家酒店,不如说它更像是一个"舞台"。

(2)功能定位

AWAY 酒店的目标市场主要包括本校市场、周边高校市场及部分游客市场。

本校市场包括学生、学生家长及教师的需求,如学生团体比赛熬夜或讨论学习的需求、探访来校的家长或值班教师的住宿需求及考研或考证等学生对长期独自学习空间的需求等,AWAY 酒店提供的舒适与方便能极大满足他们的需求。

同时,AWAY 酒店位于杭州下沙高教园区,周边其他学校学生及教师也是主要目标消费群体,AWAY 是团队轰趴与团建等休闲娱乐的最佳去处之一。

此外,钱塘江与浙江工商大学向日葵花田对江浙沪游客具有一定吸引力,酒店位于钱塘江观潮点周边,具有较好的景观优势,能够为大学城游客及部分慕名观景的城市游客提供较好的娱乐与入住条件。

(3)市场定位

AWAY 酒店主要分为住房区与功能区。根据目标人群的入住需求,A-WAY 将住房区设为普通客房与公寓式常住客房两类,在提供短期住宿的同时,可满足部分学生或游客短期租住的需求。

根据 AWAY 主题及目标人群的特征,酒店功能区主要分为办公区和休闲娱乐区两大类。其中,办公区包括付费自习室、小型讨论室、会议室等;休闲娱乐区包括轰趴馆、私人影院、开放式 DIY 烘焙厨房、养生馆、顶楼花园等闲适空间。酒店功能区域的设计同时符合动与静的要求,将自由与前卫融入多样的选择中,在满足酒店基本功能的同时凸显 AWAY 的主题设计。

（4）产品与服务定位

①产品定位

酒店的概念随着时代的变化不断变化。在产品设计上，AWAY 酒店秉承着以顾客为中心的理念，推出多元化的功能产品以满足顾客需求。目前，AWAY 酒店的规划设计中主要有猫咖、电竞圈、叠层江景花园、付费自习室（黑屋、白屋）、户外公园等，静动结合，充分迎合高校学生、城市年轻人的市场需求。

②服务定位

服务不以热情为主旨，转向细致与情绪空间的构造。不断精简"人"的服务，提供更多科技化、智能化、数字化的服务。这一方面可以让员工尽量少打扰到顾客，提升顾客沉浸式的体验感，另一方面使得酒店的人力资源成本得到长期有效的控制。

（5）价格定位

依据招待所现状与该项目的市场地位及经营战略，AWAY 酒店的价格定位与周边同等级酒店基本持平。

在不损害酒店形象的同时，进一步提高市场渗透率，高级主题大床房和高级主题双床房的价格下探到 260 元/间夜，以冲进下沙地区的中低端市场；同时，酒店中的公寓式 LOFT 和豪华主题房等产品将达到 500 元/间夜的价格，以抢占下沙地区的部分中高端市场。

除客房外，酒店各功能区的收费在前期也基本与市场价格持平，如养生馆、健身房、付费自习室。当然，后期会根据实际运营情况进一步调整价格，以应对市场不稳定的情况，从而提高酒店利用率和坪效。

具体价格如表 8-1 所示。

表 8-1　AWAY 酒店定价表

类别	价格区间
标准大床房	260—300 元/间夜
标准双床房	260—300 元/间夜
长租公寓式	2000 元/月
付费自习室	黑屋及白屋：8 元/小时，30 元/天/位
	隔断间：12 元/小时，45 元/天/位

续　表

类别	价格区间
咖啡厅	人均 20 元
私人影院	60 元/小时
网咖	5 元/小时
DIY 厨房	50 元/小时、200 元/间夜
轰趴馆/日租房	小馆:1600 元/天(不含清洁费)
	大馆:2600 元/天(不含清洁费)
养生馆	人均 50 元
天台花园	人均 5 元

（6）整体形象策划

对于 AWAY 酒店的整体形象策划,始终秉持着创新求异、切实可行的原则,充分联合各高校,如浙江工商大学、浙江传媒大学等,充分调研、接触客源市场,通过头脑风暴法、组合策划法、类比策划法等,制订出最佳的公关活动方案,以塑造与酒店相匹配的形象。

具体活动策划上,当然也包括 IP 合作,各高校社团、学生会组织的主题晚会、联谊会、Party 等。

3. SWOT 竞争分析

AWAY 酒店竞争分析如表 8-2 所示。

表 8-2　AWAY 酒店 SWOT 竞争分析表

SWOT	AWAY 酒店	亚朵酒店	歌江维嘉酒店
S:优势	功能性强、格调鲜明	口碑优良	进入市场早
W:劣势	知名度低	同地区风格相近	运营模式死板
O:机会	迎合年轻群体偏好	IP 合作	定位于商务客人
T:威胁	客群的不稳定性	产品的更新迭代	市场不稳定性

4. 项目布局和面积分配

（1）酒店用地布局

用地布局详见第四点分项规划。

（2）酒店功能结构和面积

酒店功能结构和面积如表 8-3 所示。

表 8-3　AWAY 酒店功能结构和面积表

楼层	区域	面积/平方米
1F	前台	40.5
	后勤系统	67
	外租场所	380
2F	付费自习室	560
	小型咖啡厅	120
3F	影院	392
	网咖	288
4F	轰趴馆	666
	半开放式 DIY 厨房	88
5F	养生馆	669
6—15F	标准双床房	50/间
	高级大床房	50/间
	长租客房	80/间
16F（天台）	天台花园	900

（3）绿化设计

① 室外绿化设计

室外绿化设计如图 8-22 和图 8-23 所示。

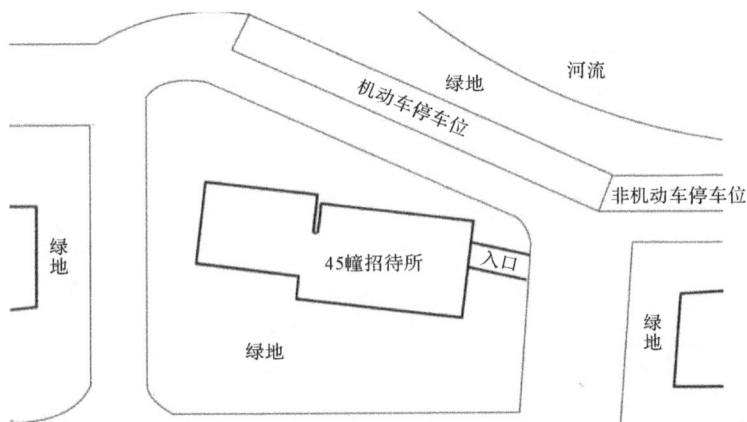

图 8-22　45 幢室外绿化设计图

图 8-23　AWAY 酒店绿化设计示意图

②室内绿化设计

酒店室内绿化主要利用绿植进行空间装饰及绿化美化,利用绿植与室内的人工环境形成鲜明对照,起到对比的作用,使环境显得更加生动、清新和富有生机。

酒店室内的绿植有改善空气质量、增加湿度、释放氧气、吸附灰尘等作用。酒店是一个公共集合的场所,人流动特别多,释放的气体也特别多,而室内绿植有很好的吸音效果,在室内能够起到有效地降低噪音的作用。除此,植物还能够吸附空气中的尘土,使空气环境得以净化,可以舒缓客人紧张的神经和生活压力。

在酒店的大堂等公共场合,主要使用那些耐阴、适应性强、环保效果好、无毒无害且便于养护管理的室内植物,比如观赏周期较长的观叶类植物如发财树、万年青类等,以及花大鲜艳的观花类植物如杜鹃、兰花、山茶花等,或者以盆栽的形式装饰的观果类植物如柑橘类等。

(4)建筑风貌规划

①建筑外观风貌规划计划

建筑外立面计划不变,旨在与其他生活区建筑保持一致。

另外部分楼层会有些许微调。

②建筑内部风貌规划计划

建筑风貌内部软装以"性冷淡风格"为主,主要采取黑白灰加之亮色点缀。

(5)交通用地规划(现有交通条件和停车场)

招待所位于浙江工商大学钱江湾生活园区内,交通用地主要依靠生活区内现有的交通用地场所,比如招待所北面靠近河流处的12个机动车停车位,以及招待所入口的大片空地可适当用于非机动车停靠。详见图8。

5.分项规划

(1)酒店前厅规划与设计

AWAY酒店大堂占地约400平方米,主要用于办理入住和渲染、烘托酒店文化氛围。

酒店前厅的布局规整而不乏灵动。穿过大堂的文化展示区是酒店的外包区域,主要有奶茶店、精品店、便利店。

灿烂的色彩充满每一个角落,随处可见,围绕每一位入住的客人,带给他们好心情。一楼设计平面图为图8-24和设计示意图为图8-25。

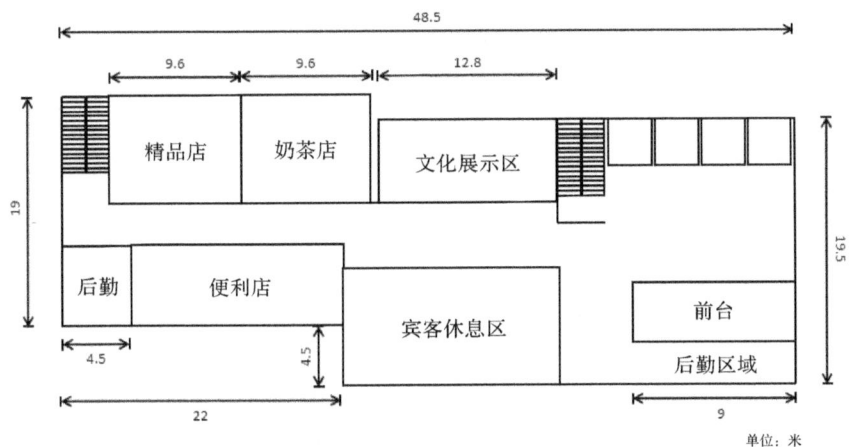

图 8-24 AWAY 酒店一楼设计平面图

图 8-25 AWAY 酒店一楼休闲区设计示意图

（2）酒店客房规划与设计

45 幢招待所在改造前共 15 层，每层各有 27 间客房，房型均为标准双床房和豪华双床房两种房型。在改造后，仅保留了 6—15 层的客房，并适当将每层客房数量压缩。从原本的一层 27 间改造成每层 12 间，其中包括标准双床房、大床房和长租公寓三种房间类型。招待所改造前的客房楼层平面图为图 8-26 和招待所改造后的客房楼层平面图为图 8-27。

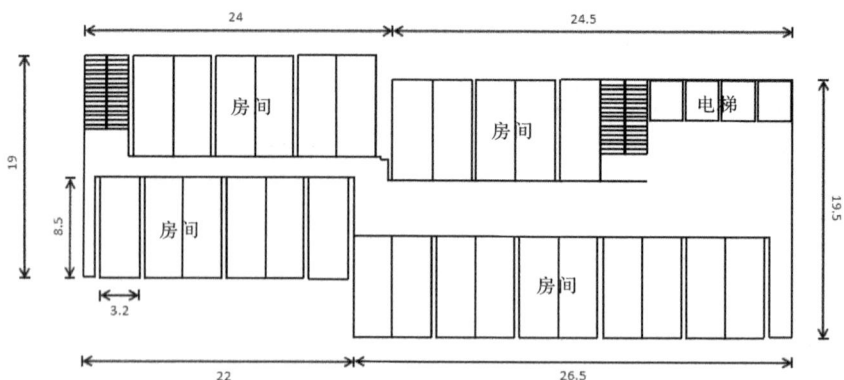

图 8-26　45 幢改造前客房楼层平面图

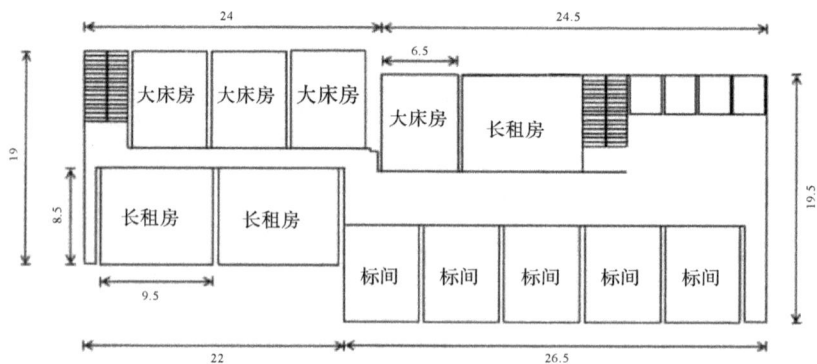

图 8-27　AWAY 酒店客房区平面设计图

①标准双床房

改造后的 AWAY 酒店每层有五间标准双床房（标间），标间的布局主要以舒适、便捷为主，采用简约暖色系，营造舒适的睡眠、休闲和娱乐环境。标准双床房的建筑面积（含卫生间和门内走廊）约为 50 平方米，其中卫生间在五平方米左右。标准双床房的定价暂定为 260—300 元/间夜。AWAY 酒店标准双床房示意图为图 8-28。

图 8-28　AWAY 酒店标准双床房示意图

②高级大床房

改造后的招待所每层有四间高级大床房,高级大床房的布局和标间基本一致,同样是以舒适、便捷为主,采用简约暖色系,来营造舒适的睡眠和娱乐环境(见图 8-29)。高级大床房的建筑面积(含卫生间和门内走廊)约为 50 平方米,其中卫生间在五平方米左右。高级大床房的定价暂定为 260—300 元/间夜。

图 8-29　AWAY 酒店标准大床房示意图

③长租公寓

每层有三间长租公寓,长租公寓大约为 80 平方米单身公寓,可供单人或是双人入住,以暖黄色为主色调,简约大方又温馨。公寓面积较小,但配有厨房和独立卧室,超大的落地窗使空间显得更加通透。长租公寓示意图为 8-30、图 8-31。长租公寓以月租的方式,价格暂定为 2200 元/月。

图 8-30　AWAY 酒店长租公寓示意图一

图 8-31　AWAY 酒店长租公寓示意图二

（3）餐厅规划与设计

AWAY 酒店中的开放式 DIY 烘焙厨房占地约 80 平方米,布局是规整的矩形结构。厨房可同时容纳五人制作食物。

该厨房打破传统餐厅的固有经营模式,与轰趴馆一区、二区贯通起来,布局灵活合理,充分利用每一处空间,重顾客的体验与参与感,发挥顾客创意空间。厨房不仅能够为住店客人提供健康的轻食,还能让每一位有想法的顾客亲自制作美食,如果客人提前预约,厨房可以为其提供优质的食材。有时候,厨房的西点厨师也会开班授课,感兴趣的客人可以学一些关于西点的烘焙方法。

厨房按小时收费，一般价格为 50 元/小时。当然也会有连同轰趴馆一起出租，价格为 200 元/间夜。

设计平面图与示意图为图 8-32、图 8-33。

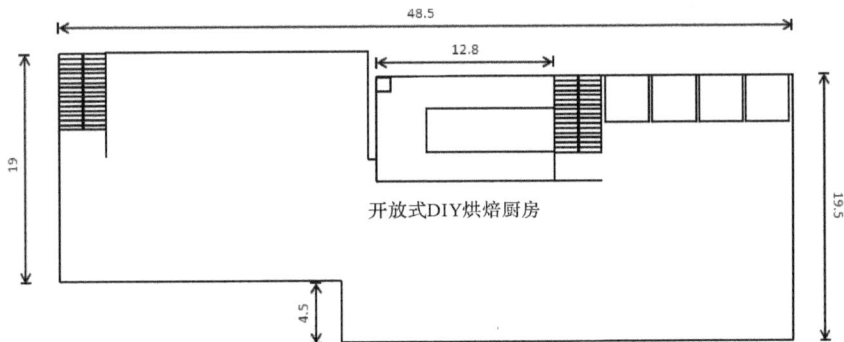

单位：米

图 8-32　AWAY 酒店开放式 DIY 烘焙厨房平面设计图

图 8-33　AWAY 酒店开放式 DIY 烘焙厨房设计示意图

（4）娱乐规划与设计

①小型咖啡厅 & 付费自习室

AWAY 酒店二层引入付费自习室及小型咖啡室。其中，自习室面积约为 369 平方米，分为黑屋 144 平方米、白屋 225 平方米、隔断间 128 平方米及朗读室 63 平方米；小型咖啡厅面积约为 120 平方米。

自习室整体设计以舒适感为主，各功能区域满足不同人群的各种需求。

黑屋通过灯光调节限制光线摄入,营造高效率的学习办公空间;白屋为公共学习区域,是多人共同学习或办公的共有空间;隔断间通过隔挡将各座位间设置有效隔断,一人一座一空间享受专注;朗读室为有背诵或记忆需求的群体提供放声记忆的空间,设置有散座及独立隔间,同时提供共同读诵氛围和隔音记忆空间。

小型咖啡厅位于自习室的中心,为办公、学习者提供休闲空间,以及咖啡、奶茶等手作饮品或甜品点心。咖啡厅还设有临窗景观座及小型卡座,供个人放松或与好友入座闲聊。

预订价格如表 8-4 所示。

表 8-4　AWAY 酒店自习室价格表

区域	价格
黑屋及白屋	8 元/小时,30 元/天/位
隔断间及朗读室	12 元/小时,45 元/天/位
小型咖啡厅	人均 20 元

自习室与咖啡馆平面设计如图 8-34 所示。

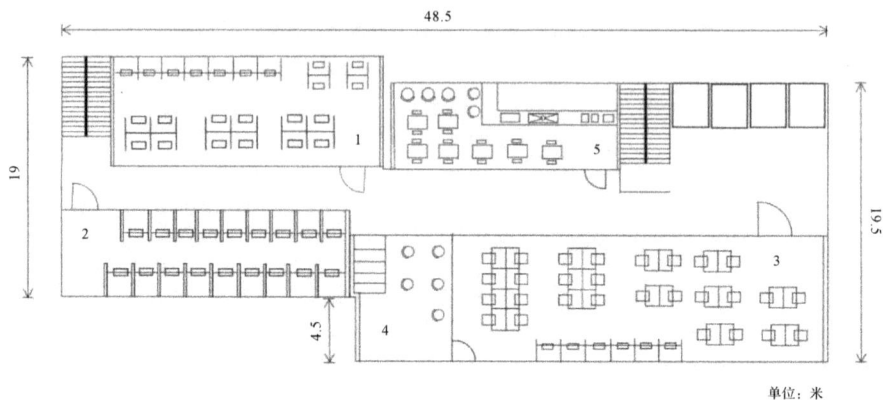

1 黑屋 Black House
2 隔断间 Partition Area
3 白屋 Openk Area
4 朗读室 Reading Area
5 咖啡厅 Coffee Bar

图 8-34　AWAY 酒店自习室与咖啡馆平面设计图

图 8-35　AWAY 酒店自习室设计示意图

图 8-36　AWAY 酒店小型咖啡厅设计示意图

②影院 & 网咖

酒店三楼设有私人影院，面积为 392 平方米；网咖面积占 288 平方米。

私人影院主要为观影者提供私密的包厢观影体验，为具有独立放映或点播需求的人群及有私密性需求的观影者提供理想的观影空间。同时，根据共同观影人数的差异，为有效利用空间，将私人影院划分为三类区域：迷你影院共四间，面向 2—3 人观影群体；中型影院共三间，针对 3—5 人观影群体；较大型影院共两间，可为 6—10 人观影群体提供较好的观影体验。在迷你型及中型影院中设有卡座，为等候者提供茶水及休息区域。

网咖设计主打舒适低调风格，较好的设备及独立空间为电竞爱好者在校园内找到电竞天地;同时,网咖连接浙江工商大学图书馆 VPN,使用者可免费获取文献资源,满足师生查阅文献或学科调研者的需求。

私人影院的预订价格为 60 元/小时,网咖的预定价格为 5 元/小时。

具体规划示意图为图 8-37。

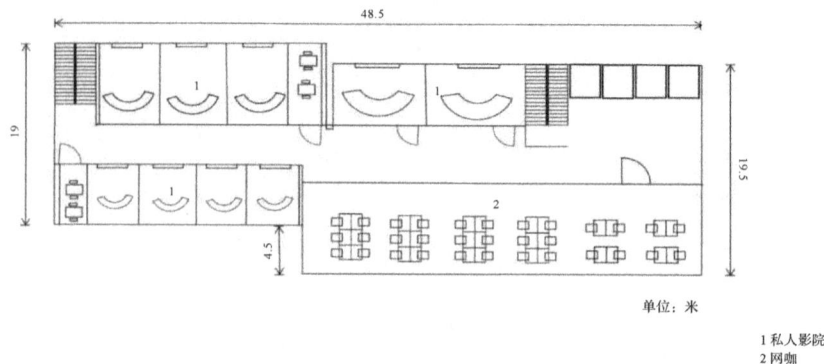

单位:米

1 私人影院
2 网咖

图 8-37　AWAY 酒店影院和网吧平面设计图

图 8-38　AWAY 酒店影院设计示意图

③轰趴馆

酒店四楼与 DIY 烘焙厨房联动设计有两处轰趴馆,各占面积 306 平方米 360 平方米,一区和二区可根据需求联通销售。轰趴一区主打潮流嗨玩,以科技潮流元素设计布局,面向以嗨玩为目的的消费群体;轰趴二区则以暖色调系列设计为主,以轻奢精致的风格烘托温馨舒适感,为好友相聚创造围炉夜谈的环境氛围。两区轰趴馆皆与 DIY 厨房联动,向顾客提供简易轻食并留有美食制作的创作空间。

　　预订价格设定如表 8-5 所示。

表 8-5　AWAY 酒店轰趴馆定价表

轰趴馆/日租房	小馆:1600 元/天(不含清洁费)
	大馆:2600 元/天(不含清洁费)

　　具体规划示意图为图 8-39。

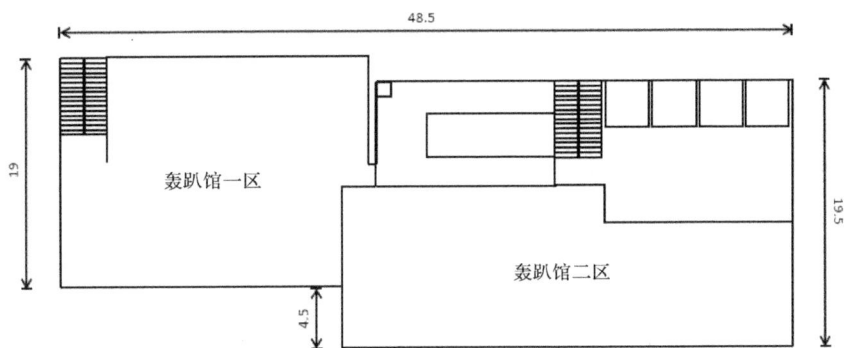

单位:米

图 8-39　AWAY 酒店轰趴馆平面设计图

图 8-40　AWAY 酒店轰趴馆设计示意图

④养生馆

针对青年及中青年群体对于健康及生理舒适的需求，AWAY酒店五层开设养生馆。养生馆主要业务包括推拿等中医理疗、禅学静坐，从生理及心理两方面为顾客提供理疗服务。其中，设有禅学静默室两个，共占面积304平方米；推拿馆隔间两处，共占面积255平方米；中医理疗室占面积110平方米。养生馆修饰风格以竹木为元素，以营造归于自然的简雅安静氛围，使顾客在养生馆将心境归于放松闲适与怡然忘我。

预订价格为人均50元。

具体规划示意图为图8-41和图8-42。

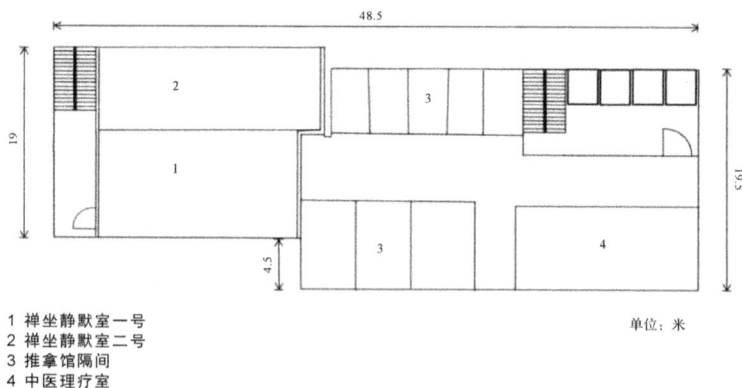

1 禅坐静默室一号
2 禅坐静默室二号
3 推拿馆隔间
4 中医理疗室

单位：米

图 8-41　AWAY 酒店养生馆平面设计图

图 8-42　AWAY 酒店养生馆设计示意图

⑤天台花园

结合 AWAY 酒店顶层的极佳阳光及环境优势，计划将酒店天台约 900 平方米平层改造为阳光花房。阳光花房中心设有绿植花卉景观，周边布有景观卡座供休憩交谈及观景。另外，阳光花房开设有专业的盆栽种值及看护服务，针对有盆栽种值及代理看护需求的群体。

预订价格为花草看护 5 元/每周每株。

具体规划示意图为图 8-43 和图 8-44。

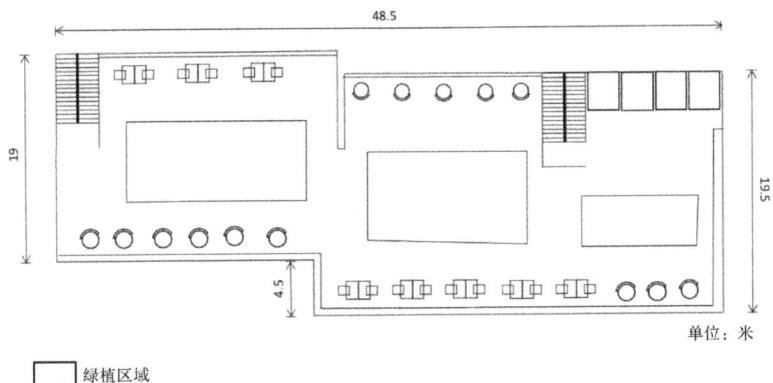

图 8-43　AWAY 酒店天台花园平面设计图

图 8-44　AWAY 酒店天台花园设计示意图

（5）后台支持系统

①信息技术系统

一个强大可靠的酒店后台支持系统至关重要，是酒店强有力的后盾。AWAY酒店选择石基旗下西软的酒店管理系统主要基于如下考量：一方面，西软在国内四、五星级酒店市场占有率超过80%，稳居国内市场占有率第一。另一方面，西软是opera在中国的唯一代理商，石基在一定程度上垄断了中国高星级酒店的酒店管理系统。进入2020年，石基西软践行"云＋移动"战略，全面升级云XMS平台，除了PMS功能以外，云XMS还集成了POS、移动产品、ITF等模块，广泛适用于单店、集团用户，恰好符合了AWAY酒店的经营发展需要。

②人力系统

AWAY酒店在人力资源上尽可能采用高效的扁平化组织结构，精简各部门工作内容，提高工作效率，降本增效。由于没有正式的餐饮板块，酒店对于人力资源的需求主要集中在运营和后勤工作上，借助自身地理位置优势，充分利用学校资源。在运营上，携手旅游学院酒店管理系，招募相关专业的学生将某作为研学实习基地，共同参与经营决策；同时联合高校的保洁阿姨、食堂阿姨等，负责酒店客房及公共区域的打扫等后勤工作。

6.投资估算和资金筹措

（1）投资估算

本次估算的内容主要包括新增各功能区项目投资、后勤及前台改造修饰、客房改造装修、景观及绿化修饰、机电配备增改及建筑主体、外修饰投资估算及其他常规费用等，具体投资估算如表8-6所示。

表8-6　AWAY酒店各功能区项目投资估算表

项目	面积/平方米	投资估算/元/平方米
外租场地	380	500
精品店	招商经营	
奶茶店	招商经营	
文化展示区	招商经营	
便利店	招商经营	

续　表

项　目		面积/平方米	投资估算/元/平方米
付费自习室	黑屋	144	500
	白屋	225	350
	隔断间及朗读室	191	600
小型咖啡厅		120	900
私人影院		392	1500
网咖		288	1000
半开放式 DIY 厨房		88	700
养生馆		669	1200
轰趴馆		666	800
阳光花房		900	350
合计		/	3151550

招待所需二次装修项目投入费用如表 8-7 所示。

表 8-7　招待所二次装修项目投入费用表

项　目	面积/平方米	投入费用
后勤	67	3 万元/平方米
酒店前台	40	5 万元/平方米
标准双人间	/	5 万元/间
高级大床房	/	8 万元/间
长租客房	/	12 万元/间
建筑主体及外装饰	/	150 万元
景观、绿化	/	100 万元
机电配套	/	80 万元
其他常规费用	/	100 万元
合计	/	1763.5 万元

综上所述，AWAY 酒店各功能区项目投资估算为 315.115 万元，需二次装修改造项目投资需 1763.5 万元，共计需投资 2078.655 万元。

（2）资金筹措

本项目总投资匡算约为 2100 万元：

首先，需要学校财务处落实可使用投资的自有资金数量，预计需要学校提供 300 万元用于招待所的投资，也用作流动资金。

其次，学校方委托代理机构进行公开招标和邀请招标，向市场筹集剩余资金约 1800 万元。金融机构介入，完成招待所改造项目的总投资。

最后，项目完成后，向银行进行抵押贷款，获得项目后续运营所需的流动资金。

（3）财务评价与社会效益分析

表 8-8 为 AWAY 酒店的经营测算表。

表 8-8　AWAY 酒店经营测算表　　　　　　　单位：万元

项目	金额	第一年计算依据	
客房收入	721.24	客房：120 间×300 元/间×365×50%＝657	
		轰趴馆：2 间×2200 元/间×365×40%＝64.24	
餐饮收入	82.6725	DIY 厨房：80×20 元/餐×2 餐×365×50%＝58.4	
		咖啡厅：19 座×20 元/座×3.5×365×50%＝24.2725	
会议收入	0		
其他收入（商场、商务中心、客房小酒吧、洗衣服务）	241.04275	一楼门店租赁收入：23 万/年/间×3 间店面＝69	
		DIY 厨房出租费：50 元/小时×6 小时×365×30%＝3.285	
		自习室：76 位×37.5 元/位×365×70%＝72.8175	
		私人影院：9×3 小时×60 元/小时×365×60%＝35.478	
		网咖：32×6 元/小时×10 小时×365×60%＝42.048	
		养生馆：50 元/位×20 位×365×50%＝18.25	
		天台花园：5 元/株×3/株×365×30%＝0.16425	
营业收入合计	1044.95525		
减：营业税金及附加			
营业税	52.2477625	1044.95525×5%＝52.2477625	
城建税	3.657343	52.2477625×7%＝3.657343	
教育费附加	2.612388	52.2477625×5%＝2.612388	

续　表

项目	金额	第一年计算依据
营业税金及附加合计	58.517494	
减:营业成本		
餐饮成本	24.80175	82.6725×30％＝24.80175
商场成本	0	
会议成本	0	
其他成本	36.155325	241.0355×15％＝36.155325
减:各项费用		
工资及福利费用	248.4	工资:46人×3000元/人/月×12月＝165.6 福利:165.6×50％＝82.8
能源费用	103.5948	1035.948×10％＝103.5948
日常维修费用	15.53922	1035.948×1.5％＝15.53922
营业部门费用	51.7974	1035.948×5％＝51.7974
市场推广费用	15.53922	1035.948×1.5％＝15.53922
一般管理费用	56.97714	1035.948×5.5％＝56.97714
各项费用合计	491.84778	
营业利润	433.632901	

经以上的经营测算,预计第一年的营业利润约为433万元。

经过投资金额的相关核算,预计该酒店投入建设改造后五年不到可以收回成本,说明该酒店的建设改造是十分成功的。

同时,该酒店改造完毕之后将会带来很多的社会效益。它不仅可以为学生提供更加优质的集工作、学习、娱乐于一体的场所,而且可以提升学校整体形象,提升学校的接待水平,扩大浙江工商大学的影响力。

此外,打造"高效＋酒店"的概念模式,可以创造就业及实习岗位,为酒店管理专业的学生提供就业机会,为旅游与城乡规划学院酒店管理专业提供更强有力的支持,加强专业吸引力。

四、遇见酒店人：看到你未来的样子

在我们的教学改革思路中，企业场景嵌入式课堂改革不仅包括企业的事、物，更重要的是包括"人"的场景。在教学设计上，我们充分利用了浙江工商大学教务处"实务精英进课堂"项目，把它改造成酒店管理专业知名的"遇见酒店人"系列，取得了相当大的成功。

"遇见酒店人"是浙江工商大学旅游与城乡规划学院"实务精英进课堂"项目的创新延伸，是酒店管理专业导师——杨欣副教授所创建的品牌项目。该项目每年邀请酒店行业资深投资人与从业者来到浙江工商大学旅游与城乡规划学院，以讲座的形式分享酒店行业精英对酒店管理运营的心得和投资经验。

该项目创建至今已有数年之久，目前已有几十位五星级国际酒店总经理、主管、总监等酒店精英和投资人来到浙江工商大学做相关讲座，为商大学子明晰发展方向，以国际酒店为殿堂在酒店管理专业学生心间种下理想，让学生一起"遇见酒店人"，一同邂逅不期而遇的美好。

以下是几次活动的报道。

案例 8-3　遇见酒店人之"凯宾斯基与我的职业生涯"

2020 年 4 月 22 日下午，浙江工商大学旅游与城乡规划学院酒店管理专业"2020 遇见酒店人"活动如期举行。

本次主讲嘉宾为杭州远洋凯宾斯基酒店总经理皮埃礼先生，这也是首次以云课堂的形式举行的专题讲座，与会人员包括我院旅游 19 研、酒店 1601、酒店 1701、旅游管理类 2019 级全体学生、本校和外校老师、旅游接待从业人员等 190 多人。

首先，杨欣老师对《遇见酒店人》品牌栏目及皮埃礼先生做了介绍。

随后，皮埃礼先生通过网络会议，开始了他富有意义的演讲。

皮埃礼先生对凯宾斯基从 1872 年开始的一系列的品牌成就、历史，以及凯宾斯基划时代的、被同行视为典范的服务理念和项目做了介绍，他指出："凯宾斯基酒店的运营版图十分庞大，分布在全球范围各地，这离不开酒店对自身品牌的重视和对新型公司商业模式的探索。"

随后，皮埃礼先生重点介绍了杭州远洋凯宾斯基酒店的地理优势、空间分布、组织架构，包括酒店各个功能区、实习制度等，也谈到了面对新冠肺炎疫情，凯宾斯基酒店积极响应政府号召而歇业，各部门间高度协调，对于三月份的特殊实习情况进行了人性化的管理，同时保证接待规模，确保客人与员工的安全。

有趣的是，皮埃礼先生对自己的酒店职业生涯做了深入的介绍，包括 33 年充实的从业经验，温馨美好的家庭环境，13 个国家的酒店内几乎所有岗位的经历。皮埃礼先生睿智、博学而从容，展现了一个业界先驱的智者形象。

学生在问答环节都展现出了高涨的热情。问题跨度大、深度深，从关于新冠肺炎疫情后酒店业的复苏、学生实习情况的咨询到工作激情的维持，皮埃礼先生以他睿智的言谈与广博的生活经验，耐心地为大家解答。

面对国内酒店市场的竞争激烈及在未来的创新问题，皮埃礼先生表示，新冠肺炎疫情对酒店业的冲击可能会在一年后得到较大程度的缓和。同时，他们拥有一批非常核心的忠实用户，"淘宝卖家"。他们拥有不同等级的支付能力，且甘愿为较高端的套房付费，因此会针对此类消费者推出更为新型且更有竞争力的套餐和服务。

酒店业未来是否出现报复性消费，皮埃礼先生说这恐怕是难以预测的，但只要严格的入境隔离措施仍然存在，入境旅游尤其是商务旅游将会处于低谷。但只要保证服务质量，酒店业的春天定会来到。

杭州远洋凯宾斯基酒店的竞争优势在何处？皮埃礼先生给出了如下的解答：酒店团队基于淘宝卖家的"新"拍照偏好，充分发挥创造力；皮埃礼先生对每一位入住客人都送上手写欢迎卡的赤忱；等等。

如何坚持对工作的热爱？皮埃礼先生解释说，在工作中能够学习的东西是与在学校中截然不同的，对团队的热爱，以及为客人提供更高水平的服务是他永远不会放弃的热情源泉。

当被问到职业生涯中面对的困难时,皮埃礼先生显得十分从容。他曾处理过国家动乱下的酒店,直面过病毒的侵扰、炸弹的威胁,但此次的新冠肺炎是一个完全崭新的挑战。

对未知不感到恐惧,是皮埃礼先生对我们的期望。

案例8-4 遇见酒店人之"四季花语"

2020年11月18日下午两点,浙江工商大学旅游与城乡规划学院"实务精英进课堂"之"遇见酒店人"品牌项目在教师发展中心成功举办。本次邀请的嘉宾是杭州西子湖四季酒店总经理 Michael D. Branham。他精通德语、英语、法语等多国语言,曾在印尼、法国、泰国、日本等世界各地的四季酒店工作过,拥有丰富的酒店管理经验。

图 8-45 Michael D. Branham 在演讲

四季酒店是一家国际性奢华酒店管理集团,总部设于加拿大多伦多,1961年由伊萨多·夏普(Isadore Sharp)先生创办,如今已在近40个国家拥有超过90家酒店,并有超过60项酒店发展计划正在酝酿中。四季酒店被 *Travel &*

Leisure 杂志及 *Zagat* 指南评为世界最佳酒店集团之一。除创始人夏普先生之外,比尔·盖茨(Bill Gates)和阿尔瓦利德·本·塔拉尔王子(Prince Al-waleed Bin Talal)也是四季酒店集团的大股东。

　　Micheal 先生在讲座中分享了自己的人生经历,如何从一名财务咨询成长为享誉世界的酒店精英,又如何从新加坡君悦酒店的一名管培生成长为杭州西子湖四季酒店的总经理。和四季酒店遍布全球一样,Micheal 四季之旅的足迹也遍布世界各地:泰国清迈四季、日本京都四季、巴厘岛四季、巴黎四季、杭州西子湖四季等。在 Micheal 先生的讲述中,我们认识到正确的决策和自我认识对于一个人的发展是无比重要的。"认识自己、认知行业、认明未来",Micheal 先生的经历给每一位学生都带来了思考与启发,为酒店学子的发展方向与职业轨迹指明了光明的道路。

图 8-46　认真听讲的学生

　　在讲座的结束前,Micheal 先生与学生就"新冠肺炎疫情对酒店市场产生的影响"进行热烈的讨论,学生积极地提出自己的观点,热情地与 Micheal 先生进行讨论,Micheal 先生则耐心严谨地对同学们的观点与困惑进行分析和解答。在场的每一位学生都从这场讨论中收获了关于酒店市场的未来发展趋势与信息,对酒店行业更加充满信心和热情。参与讨论和提问的学生均获得了由四季酒店所赠送的精美礼品,并有三名幸运学生可与 Micheal 先生一起共用下午茶,收获一段美好且充实的午后时光。

案例8-5　遇见酒店人之"走近森泊的新产品主义"

2020 年 5 月 12 日下午,我院酒店管理专业"2020 遇见酒店人"系列活动如期举行。

《遇见酒店人》是浙江工商大学国际酒店管理专业的知名权威品牌栏目,每年邀请国内外旅游接待业著名投资人、职业经理人和学者到校做专题讲座,共同推进酒店接待业的发展。"遇见酒店人"系列也是酒店管理专业配合教务处"实务精英进课堂"项目所做的教学创新和品牌建设项目,几年来深受业界和学生的欢迎。浙江工商大学将把"遇见酒店人"系列打造成为旅游与酒店管理专业的装饰门框和特色文化。

本次主讲嘉宾为杭州开元森泊旅游集团总经理助理陈静女士,演讲主题为"森泊的新产品主义"。我院酒店 1701、旅游管理类 19 级自愿参加的学生、部分业界人士和外校老师等百来人参加。

杨欣老师担纲本次讲座主持人,介绍了《遇见酒店人》品牌栏目与开元森泊旅游集团的陈总。

1.讲座概要

陈总以森泊独有的方式"HISENBO",热情地向视频端的师生打了招呼,即"两手呈 W 形,左手像飞翔的鸟,右手像鱼儿的尾巴",这也是森泊对自然的定义,无形中拉近了其与倾听者的距离。

开篇时,陈总抛出两个小问题,激起了听众的千层热情。"大家对森泊的印象是什么?""通过短视频你对森泊有什么新印象?"

正是"融于自然"与"创意房型",推动了森泊新产品主义——网红森泊度假产品传承的理念。

陈总随后向我们介绍了森泊是"酒店＋乐园"全天候一站式的休闲度假综合体。森泊的核心定位,便是打造休闲度假的生活方式,唤醒人们渴望休闲的心灵。森泊以大自然为原点,创新衍生出"精品度假"与"奇趣游乐"两大核心板块,其中特色度假屋是区别于其他酒店的最大特色。森泊将单纯的观光旅游,升级到休闲、娱乐、体验一体化的度假。更有不少当红明星为森泊进行视频直播推广。

此外,陈总深入讲解了森泊的生态规划建设,及其合理保护树林的理念,在巧妙规划的同时又能还原生态。在建造森泊时,管理层放弃了高营收的蜂房打造,而选择保留了百年老树,为植物的生长让路。陈总认为,"与自然和谐相处,能够可持续发展是森泊最好的IP"。

最后,陈总着重讲授了"匠心森泊"对于亲子市场的不断优化。森泊为此推出了儿童关爱服务、无忧亲子同游、室内外自然课程等无微不至的美好度假体验。

杨欣老师赞同道:"酒店和度假结合的产品,正是酒店业的迷人之处。"

2.问答环节

大家对于森泊独特的运营方式,都充满了好奇,在问答环节展现出了极大的热情。从"森泊除亲子市场外如何吸引其他消费主力军""酒店从业人员需具备哪些品质"到"森泊在运营中如何避免同质化",陈总凭她对森泊的巨细皆知,以及对酒店管理行业的洞察力,对这些问题一一给予了详细的解答。

关于森泊除亲子市场外如何吸引其他消费主力军的问题,陈总认为:森泊目前主打"自然＋休闲"的旅游产品,不仅能充分迎合大学生市场,还能满足单身人士的需要,也能吸引爱好归隐人士。森泊多元化的特色房型如星空房,构造呈下沉式,抬头就可以望见星星,为大量未婚青年求婚所用。此外,莫干山的户外冒险项目如皮划艇、高空弹射、高空滑索等,适合年轻人玩。

陈总认为,酒店从业人员需具备的最重要品质之一就是勤奋,酒店从业人员要主动投身到各个运营活动中。其次,要有同理心,能够习惯站在顾客的角度考虑问题,具备顾客思维。此外,志同道合也是不可或缺的。希望大家能够发自内心地热爱这个专业,投身于酒店管理行业中来,这也是森泊录用员工的准则。最后,陈总认为,酒店的从业人员不需要完全符合固定刻板的人物画像,如注重身材、外形等,最重要的是在酒店管理的团队当中,找准自己的位置,发挥自己的长处,对行业充满热情。当被问森泊在运营和规划中如何避免同质化问题时,陈总显得十分从容。她认为,酒店行业必然存在"鲇鱼效应",

竞争反而能够对酒店自身的发展产生助推作用,有效地带动同类市场的发展。不同类型的酒店一定要打造属于自己的IP,从顾客需求出发,精心设计产品,牢牢抓住消费者的心。

3.结尾

酒店人之间的美好相遇,总是短暂的。在这短短的讲座期间,陈总为我们带来了酒店思维的碰撞,让我们领略了森泊的传承与创新。只有不断迭代陈旧落后的产品,植入匠心精神,为酒店注入新的生命活力,酒店行业才能获得可持续发展。

最后,陈总热切欢迎旅游和酒店专业的同学们,发自内心地投入酒店的管理和运营中来,成为酒店行业中坚力量的一分子!

4.同学讲座心得

吴润安:我在这一次"精英进课堂"讲座上收益颇丰。通过陈总对开元森泊酒店全方面、幽默风趣的介绍,我对开元酒店集团又有了全新的认识。在我过去的印象中,开元是主打高端商务品牌的酒店,像开元名都、开元晏居等都是国内耳熟能详的商务品牌。而通过陈总这次对开元森泊酒店的介绍,我发现开元集团在休闲度假酒店方面的造诣也是教科书般的存在。其中让我印象深刻的是,开元森泊在开发建设时期,始终坚持与自然和谐共存的、可持续发展的理念,想尽一切方法不破坏自然生态环境,宁可牺牲一部分可观的营业收入,也不希望打扰湘湖"原住民"的生活、开元森泊能做到这些实在难能可贵,为酒店领导者的长远眼光点赞。另外,激发我兴趣的是,开元森泊酒店根据客户市场的细分打造的各种各样有创意的客房,特别是顺应国家"二孩政策"及"二大二小"闺蜜出行的新风尚,而推出的亲子房设计看上去真的棒极了,儿童用品真的是不免让人童心泛滥。

最后感谢陈总送出的酒店乐园体验券,也弥补了我前几周没有抢到消费券的遗憾,我暑假一定要去开元森泊体验一下。

王芳:很感谢"遇见酒店人"这样的讲座平台,让初步接触酒店业的我可以进一步地了解国内的一些知名品牌酒店。今天下午的开元森泊讲座就让我见识了"森泊的新产品主义"。开元森泊是"酒店+乐园"全天候一站式的休闲度假体,以"自然"为核心打造品牌IP。讲座中让我印象十分深刻的是,开元森泊在规划建设中,为了尽可能地保护和还原生态环境,实现与大自然的和谐相处和可持续发展,放弃了将会产生颇丰收益的房屋建设计划并选择了建造残缺不全的露台,为的是可以不砍伐珍贵树木并给树木的自然生长让路。另外,开元森泊还十分注重切合顾客复杂多变的住房需求,从而推出具有针对性的不同酒店产品,如亲子房、星空房、浪漫房等。听完讲座后,我不得不由衷地觉得目前开元森泊成为网红酒店,深受人们的青睐,和酒店具有远见的自然环保建设理念及顾客至上、细致体贴的服务思维是离不开的。

曹可凡:今天,我很荣幸通过钉钉直播的方式了解了森泊酒店的品牌理念。在讲座中,我领略到森泊作为一个在"双十一"期间一分钟卖完客房的酒店,它有一种既严格又接地气的管理模式。让员工参与进来,是让我印象最深刻的。这种管理模式也让我萌生了一种想要入住这家酒店的想法。我觉得,一家酒店对于客人来说最为重要的就是它的服务,森泊酒店员工参与顾客生活方方面面的管理理念让我感触颇深。这也就是我心目中酒店的模样。同时在讲座中,主讲人详细地介绍了这家酒店的建设历史和选址原因,特别是其亲近自然、回归本真的建设理念,使得建筑与自然达到了一种相互映衬的美。然而,其中的艰辛、坎坷也是无数。我从中也感受到,建设一家酒店是很不容易的,但是,只要有一群有梦想的人在,困难的事情也变得相对容易了许多,"有梦就有未来"的理念在森泊的建设中得到了淋漓尽致的展现。在提问环节,我向主讲人提出了我最关心的问题:森泊对于酒店人有什么样的标准?主讲人的回答深入浅出,始终围绕着"热爱"二字。有了热爱,一个人的职业生涯才能变得多姿多彩。而作为浙江工商大学旅游管理专业的学生,我们也应该用发展的眼光来面对未来,走向世界。

案例8-6　遇见酒店人之"光荣与梦想——我们的认知实习"

坐落于西子湖畔灵隐路上的杭州西子湖四季酒店,是一家典型江南园林风格的奢华酒店。酒店有客房78间,标准客房面积达63平方米,居杭州之冠。酒店的中餐厅"金沙厅"是唯一被大众点评评为杭州黑珍珠三钻的餐厅。

2019年1月17日,酒店1701班全体同学在酒店管理系主任杨欣副教授的带领下前往杭州西子湖四季酒店开展认知实习的酒店之旅。

作为酒店专业第一批即将与四季相遇的实习生,杭州西子湖四季酒店总经理 Michael Branham 一开始就以不同寻常的方式和他们交流了几个极为幽默又富有寓意的问题。

酒店人力资源与企业文化部总监蒋敏女士,通过讲述自己的亲身经历为学生介绍了四季品牌的企业历史与企业文化,其中对四季的黄金法则"待人如己"(We seek to treat others as we would have them treat us)和企业四大支柱"品质(Quality)、服务(Service)、文化(Culture)、品牌(Brand)"的阐述,更是引发了学生对专业的新思考。(见图 8-47)

图 8-47 企业场景化的认知实习课堂

随后,学生们参观了酒店餐饮、客房、整体的园林外景和 SPA 水疗区域,一个个精美的细节和美轮美奂的景象吸引了学生们的注意,提高了他们对酒店的认知和审美。图 8-48 为参加企业场景化的认知实习的学生们的合影。

为了让学生们更好地体会酒店生活中的细节,酒店特地安排了 HR 干恬女士、中餐厅总经理许海港先生、水疗部副总监张磊女士为大家答疑解惑。

最后,学生们纷纷表达了对杭州西子湖四季酒店的感谢。同时,通过这一次的酒店认知实习,他们清楚地认识到新员工在酒店生涯中将会面对的机遇与挑战,并表示会为未来的实习和工作做充分的准备,也相信在未来的日子里一定会收获属于自己的光荣与梦想。

图 8-48　企业场景化的认知实习

五、"尖峰时刻"：用最好的平台证明最好的自己

在企业场景嵌入式课堂教学改革创新过程中，我们始终清醒，如认识到，不拥抱未来的数字化教学，不走虚拟仿真模拟的道路，会被时代所淘汰。为此我们积极寻找和酒店经营管理相关的仿真模拟软件，让学生不仅能够和同学之间组队模拟一决高下，而且能够在虚拟平台上和不同地区甚至不同国家的学生进行仿真模拟经营对抗。

受限于学校的经费，我们最终没有成功购买相关的软件。但是我们鼓励学生积极参与"尖峰时刻"酒店经营管理模拟大赛，让他们学会使用国际一流的仿真模拟平台，也能和其他院校的学生交流互动。

"尖峰时刻"酒店管理模拟大赛源自芬兰，赛事利用芬兰 CESIM Hospitality 酒店管理模拟平台，参赛团队将以酒店高层管理者的身份运营一家国际酒店，在连续的动态回合中进行竞争博弈，负责酒店客房销售、预售、促销、餐厅、保洁、设施设备及员工配置、人力资源管理和采购等各个运营环节的管理运作。

　　Hospitality 是专门为开设旅游管理专业（酒店管理）学科的高校或学院而开发的集实验、教学于一体的模拟运营系统，其优势在于营造和发展一个具有竞争性的环境，要求参赛者在虚拟模拟中，运用自己所学的酒店理论知识来分析和解决真实酒店运营中的各种问题。

　　中国使用 CESIM 酒店管理平台的高校用户有南开大学、北京第二外国语大学、中山大学、厦门大学、桂林旅游学院、上海商学院等 40 多所院校。"尖峰时刻"酒店管理模拟大赛已经成功连续举办了四届，2021 年更是吸引了 85 所院校近 3000 学生报名参加。

　　2018 年 11 月 23—25 日，第三届"尖峰时刻"全国酒店管理模拟大赛总决赛在南开大学举行。经过 10 天赛事，浙江工商大学 COG 团队首次参赛就突破重围，最终获得第三届"尖峰时刻"全国酒店管理模拟大赛一等奖。

　　"尖峰时刻"是欧洲最大的国际商业模拟竞赛之一，目前已成为全球顶尖酒店管理专业学生进行交流合作的一项赛事。本次大赛一共有南开大学、厦门大学、中山大学等 69 所高校 369 支队伍参赛。经过初赛和复赛的激烈角逐，39 所院校 40 支队伍进入决赛。

　　作为一支没有上过模拟课程、没有接触过模拟系统、没有参赛经验的"三无"队伍，来自旅游学院酒店管理 1601 班的 COG 团队（李琪、黄国民、王倩颖和林璐贝）凭借着"永不言输"的精神，一鸣惊人，为浙江工商大学夺得了第一个全国酒店模拟大赛的一等奖，把"不可能"变成了"可能"（见图 8-49 至图 8-51）。

图 8-49　获奖后合影：黄国民、王倩颖、李琪（队长）、林璐贝

图 8-50　指导老师杨欣做赛前最后的指导

图 8-51　浙江工商大学 COG 队选手参赛中

教师感言：

"这个比赛一方面是自己造就你自己，另一方面是对手成就你。专业课学习得到的扎实的理论知识基础，通过反复练习提高的实践操作能力，绝不放弃的毅力，成倍的努力，再加上些许的运气，使得 COG 团队在有限的资源里成就了无限的可能性。即使是从零开始，COG 团队也用事实告诉我们，只要敢尝试、敢坚持，没有什么不可能。

"此项比赛重点考查选手在酒店经营与管理中市场环境判断、收益管理、成本控制、人员配备与三大财务报表分析的综合能力，得益于学校大商科人才培养的厚基础，使得我们的'三无'队伍第一次参赛就能表现不俗实力,这是对我们实践教学效果和学生素养的最好证明,我为有这样的学生感到无比骄傲。"

2019 年 11 月 22—24 日,第四届"尖峰时刻"全国酒店管理模拟大赛总决赛在中山大学举行,旅游与城乡规划学院获得一等奖一项、三等奖四项的好成绩。大赛组织举办了长达 10 天的初赛,采用线上模拟运营模式考核来自全国各高校的团队。经过层层选拔,最终由队长高妍,队员黄科、王佩诗、忻诗琴组成的 WETeam 团队在指导老师酒店管理系主任杨欣副教授的带领下,从 61 所院校 387 支队伍中脱颖而出,与另外 39 支队伍携手晋级决赛,展开最后的角逐。11 月 22 日,由杨欣副教授、旅游学院党委书记应笑妮组成的导师团队,和学生一起赶赴中山大学参加决赛。决赛共分为酒店模拟运营、英文团队介绍、商业会演三个环节,经过两天的电脑模拟酒店市场经营和 PPT 演示商业现场演示及答辩,在包括南开大学、厦门大学、中山大学、郑州大学、华南师范大学等重点大学及其他高等院校参加的总决赛中,WETeam 团队突破重围,凭借密切合作、扎实的专业功底、创新的思维和杰出的演讲表达能力,再次获得第四届"尖峰时刻"全国酒店管理模拟大赛总决赛一等奖。

2020 年,第五届"尖峰时刻"全国酒店管理模拟大赛总决赛由北京第二外国语学院和 CESIM 中国联合举办,由于新冠肺炎疫情的影响全部改为线上举行。最终由队长王佩诗,队员忻诗琴、张家琪、李硕组成的 WETeam 团队在指导老师杨欣副教授的带领下,旅游与城乡规划学院第三次获得全国一等奖一项,并有九支队伍获得三等奖(见图 8-52 至图 8-54)。

图 8-52 浙江工商大学选手参赛中

图 8-53　第四届"尖峰时刻"酒店管理模拟全国总决赛队伍大合影

图 8-54　WETeam 团队：张家琪、王佩诗（队长）、忻诗琴、李硕

2021 年,第六届"尖峰时刻"全国酒店管理模拟大赛总决赛再次在线上举行,本次全国赛由北京第二外国语学院和 CESIM 中国联合举办。最终由队长林俊,队员陈雅、蒲玺、段享组成的 FourOne 队在指导老师杨欣副教授的带领下,获得全国一等奖,并有三支队伍获得二等奖、两支队伍获得三等奖。

至此,在四次"尖峰时刻"酒店管理模拟大赛中,浙江工商大学总共获得了全国一等奖四项、全国二等奖三项、全国三等奖 13 项的好成绩。

这些成绩的取得,都和学生在浙江工商大学大商科背景下的学习、开放式的企业场景嵌入式教学息息相关。

我们期待着企业场景嵌入式教学改革能继续深入,在教学理论研究和教学实践上能发挥更大的影响力和作用。

参考文献

[1] 龚琳,芦惠,李想.基于产教融合的旅游管理专业酒店实习问题研究[J].实验技术与管理,2020,37(1):171-175+199.

[2] 李利,顾卫星,叶建敏,等.混合学习中大学生教学情境感知对深度学习的影响研究[J].中国电化教育,2019(9):121-127.

[3] 倪士光,伍新春.学习投入:概念、测量与相关变量[J].心理研究,2011,4(1):81-87.

[4] BUSBY G. Vocationlismin higher level tourism courses:the britishper spective [J]. Journal of furtherand higher education,2001,25(1):29-43.

[5] 赵蒙成,王会亭.具身认知:理论缘起、逻辑假设与未来路向[J].理论经纬,2017(2):28-33.

[6] 张良.论具身认知理论的课程与教学意蕴[J].全球教育展望,2013,42(4):27-32.

[7] 杜威.确定性寻求——关于知行关系的研究[M].傅统先,译.上海:上海人民出版社,2005.

[8] 张华.研究性教学论[M].上海:华东师范大学出版社,2010.

[9] 叶浩生.身体与学习:具身认知及其对传统教育观的挑战[J].教育研究,2015(4):104-114.

[10] ROTH W M,LAWLESS D V. Computermodeling and biological learning [J]. Journal of educational technology & society,2001(1):13-25.

[11] ABRAHAMSON D. Building educational activities for understanding:an elaboration on the embodied-design frame work and its epistemic grounds [J]. International journal of child-computer interaction,2014(1):1-16.

[12] LINDGREN R,JOHNSONGLENBERG M. Emboldened by embodiment:

six precepts for research on embodied learning and mixed reality[J]. Educational researcher,2013(8):445-452.

[13] 王美倩,郑旭东.具身认知与学习环境:教育技术学视野的理论考察[J].开放教育研究,2015,21(1):53-61.

[14] 谭千保,汪群,丁道群.具身框架下的自我研究[J].心理学探新,2014,34(2):106-110.

[15] SCHAUFELI W B,BAKKER A B,SALANOVA M. The measurement of work engagement with a short questionnaire across-national study[J]. Educational & psychological measurement,2006,66(4):701-716.

[16] MICHAEL J F,ANGELA D W,GRACE S J,et al. Multiple contexts of school engagement:moving toward auni fying frame work for education alrese archand practice[J]. The California school psychologist,2003:99-115.

[17] 王学坚,张秀丽.提高大学生学习投入的策略和方法初探[J].黑龙江教育(高教研究与评估),2011(3):63-64.

[18] 汪雅霜,汪霞.高职院校学生学习投入度及其影响因素的实证研究[J].教育研究,2017,38(1):77-84.

[19] LEE T M,JUN J K. Contextual perceived value:investigating the role of context ualmarketing for customerre lation ship management inamobile commerce context[J]. Business process management journal,2007,13(6):798-814.

[20] 杨宏,龙喆.大学生专业认同的内涵研究[J].中国电力教育,2009(22):152-153.

[21] 安芹,贾晓明.高校心理咨询员专业认同的初步研究[J].中国临床心理学杂志,2006(2):203.

[22] HENNIN G,SALLIN G,OLESE N. Profession alidentity aslearning processes in lifehistories[J].Journal of work place learning,2001(13),7-8.

[23] 秦攀博.大学生专业认同的特点及其相关研究[D].重庆:西南大学,2009.

[24] 任春华.学前教育专业大学生专业认同与学习投入的关系研究[J].黄山学院学报,2016(6):123-126.

[25] 李海芬,王敬.大学生专业认同现状调查研究[J].教学研究,2014,37(1):9-12.

[26] 崔文琴.大学生学习投入的现状研究:基于专业认同的视角[D].杭州:中国计量学院,2013.

[27] 段陆生,李永鑫.大学生专业承诺、学习倦怠与学习投入的关系[J].中国健康心理学杂志,2008,16(4):407-409.

[28] 郝爽,刘丽红.职业价值观与学习投入的关系:专业承诺的中介[J].中国市场,2016(1):173-174.

[29] 王平,孙继红,吉峰.医学院校大学生学习投入与专业认同的关系研究[J].中国高等医学教育,2015,(9):39-40.

[30] 张萌,李若兰.大学生专业认同对学习投入的影响研究:学校归属感的中介作用[J].黑龙江高教研究,2018(3):94-99.

[31] 谢琴红,覃晓龙,郑华,等.定向医学生职业价值观对学习投入的影响机制:以专业认同感为中介[J].中国卫生事业管理,2019,36(3):208-210.

[32] 陆根书.大学生感知的课堂学习环境对其学习方式的影响[J].复旦教育论坛,2010(4):34-46.

[33] 郭建鹏,杨凌燕,史秋衡.大学生课堂体验对学习方式影响的实证研究:基于多水平分析的结果[J].教育研究,2013,34(2):111-119.

[34] 武法提,黄石华,殷宝媛.基于场景感知的学习者建模研究[J].电化教育研究,2019,40(3):68-74.

[35] 李西营,黄荣.大学生学习投入量表(UWES-S)的修订报告[J].心理研究,2010,3(1):84-88.

[36] 温忠麟,叶宝娟.中介效应分析:方法和模型发展[J].心理科学进展,2014,22(5):731-745.